Како да стекнеш самопоуздање

Креативни центар

Едиција *Мала психологија*

Назив оригинала:
Emmanuelle Rigon & Sylvie Baussier
Comment survivre quand on se trouve nul

Илустровао
Анри Фелнер (Henri Fellner)

Уредник
Наталија Панић

Лектор
Невена Човић

Издаје
Креативни центар
Београд, Градиштанска 8
тел. 011/38 20 464, 38 20 483, 24 40 659
www.kreativnicentar.rs
e-mail: info@kreativnicentar.rs

За издавача
Љиљана Маринковић

Штампа
Публикум

Тираж
3.000

ISBN
978-86-7781-648-3

CIP – Каталогизација у публикацији
Народна библиотека Србије, Београд

159.922.7:17.023.32
159.947.3-053.2

РИГОН, Емануел
Како да стекнеш самопоуздање / Емануел Ригон и Силви Босије ; [превела с француског Гордана Бреберина ; илустровао Анри Фелнер]. – Београд : Креативни центар, 2008 (Београд : Публикум). – 159 стр. : илустр. ; 23 cm. – (Едиција Мала психологија)

Превод дела: Comment survivre quand on se trouve nul / Emmanuelle Rigon & Sylvie Baussier. – Тираж 3.000.

ISBN 978-86-7781-648-3
1. Босије, Силви [аутор]
а) Самопоуздање – Деца
COBISS.SR-ID 153731596

Емануел Ригон и Силви Босије

Како да стекнеш самопоуздање

Превела с француског
Гордана Бреберина

Креативни центар

Садржај

Увод

Мислиш да си лузер. Мали, велики, тотални... Али, на срећу, не увек! И не у свему! На почетку школске године, на пример, чинило ти се да ти у школи ништа не иде од руке, а онда су се ствари средиле; али, после су се код куће поквариле: имаш утисак да те отац стално критикује, да сестру цени више него тебе; кроз месец дана ћеш очајавати због бубуљица на носу... Ситуација се стално мења. Читајући ову књигу, коначно ћеш схватити да у неким областима живота – кад је реч о пријатељству, очекивањима везаним за будућност или доживљају сопственог тела – не излазиш лако на крај са самим собом: на срећу, вероватно не постоји пубертетлија који се осећа тотално лоше у сопственој кожи, све време и у свему!

Ма хајде, није све тако црно! У овој књизи ћеш препознати свој случај, пронаћи ћеш одговоре на питања која постављаш кад сумњаш у себе, савете који ће ти помоћи да превазиђеш критичне тренутке и мноштво идеја које ће ти подићи морал.

Ако не успем из прве, мислим да сам глуп

Не можемо сваки пут да бриљирамо као спортиста који побеђује на олимпијским играма! Живот се ионако не састоји од освајања медаља. Шта уопште значи „успети“?

Психолози су доказали да до циља може да се стигне на разне начине. Неки „успевају“ из прве, други морају да напредују у етапама. Уосталом, сви знамо да се ништа не дешава преко ноћи. Размисли: дељење сте почели да учите још у другом разреду, а оно ти у петом и даље задаје муке! Исто је и са читањем: што више читаш, боље читаш. Дакле, не секирај се: имаш право на грешку,

следећи пут ће бити боље. Ако си добио лошу оцену, то не значи да си глуп. Покушај да објективно установиш шта ти је промакло и не заборави да помало и учиш.

Исто осећање може да се јави и ван школе, ако желиш да ти све одмах крене као по лоју. Цртањем или музиком треба да се бавиш из задовољства, зато што у томе уживаш! Било би штета да поквариш уживање тако што ћеш те активности за опуштање посматрати само кроз призму постигнутих резултата.

Осим тога, добро знаш да су родитељи нестрпљива бића. Твоји желе да успеш и не може им се замерити због тога. Али, ти осећаш тај притисак, а њега није увек лако поднети. Научи да излазиш на крај с људима око себе и не дозволи им да те излажу стресу.

Ти си на потезу!

☺ У школи покушај да установиш које задатке не успеваш да урадиш. Контролни служе за то да се провери како смо научили градиво и колико смо запамтили. Ако марљиво учиш, с правом очекујеш добру оцену. А када радиш контролни из градива које сте недавно обрађивали, могуће је да ти треба још мало времена да га усвојиш. Зато обнови лекције.

Ти си на потезу! (наставак)

Када дете учи да хода, оно устаје, пада, поново устаје, ослања се на неки предмет пре него што закорачи... То траје. Слично се дешава у свим областима. У многим случајевима вежбање је од кључног значаја; тенис не можеш да научиш преко ноћи, а овладавање сликарским умећем захтева многобројне покушаје.

Најважније је да се не блокираш тако што ћеш стално понављати: „Ионако никад нећу успети." Ако тако размишљаш, вероватно нећеш далеко догурати.

ЗЛАТНО ПРАВИЛО

Способности се не мере само постигнутим резултатима.

Не свиђа ми се моја глава

Гледаш се у огледалу и не можеш више да се препознаш... Шта се то дешава?

Од малих ногу посматраш свој лик у огледалу. До сада је све било у реду. Твоја глава за тебе није имала тајни, била ти је пријатељица. А онда, одједном: шок! Готово да не можеш да препознаш девојчицу или дечака чији лик видиш у огледалу...

Ех да, пролазиш кроз период великих промена. Можда је твоје тело пожурило у односу на оно што се дешава у твојој глави или, напротив, касни... Мисли пубертетлије

у кожи детета, потребе детета у телу пубертетлије – то није лако спојити! У суштини, то те помало збуњује. Откуда се одједном појавила ова глава? Шта то не штима? Избиле су ти бубуљице? Не допада ти се фризура? Лице ти је превише бебасто? Коса ти је изненада потамнела? Избегавај да мислиш: „Баш сам ружна!" само зато што не личиш на неку врхунску манекенку и предузми нешто како би поправила оно што се може поправити. Навићи ћеш се на свој изглед, нема ти друге. И не секирај се: и даље ћеш се мењати!

Ти си на потезу!

☺ Можда ти се већ пружила прилика да видиш фотографије своје мајке или оца кад су имали три, десет, двадесет година? Ако није, покушај да их пронађеш и погледаш: забавно је како се људи мењају, а да при том ипак некако остају исти... Осим тога, ако ти сви кажу да личиш на неког од њих, можеш да стекнеш представу о свом будућем изгледу!

Ти си на потезу! (наставак)

☺ Не постоји чаробна формула која омогућава да се замени глава. Али, не очајавај: можеш драстично да утичеш на њен изглед. Узмимо, на пример, твоју косу. Родитељи немају ништа против да промениш фризуру? Ако имају, мало гела нанетог на непослушни прамен може да направи чудо. Оквир наочара купљен на твој седми рођендан можеш да замениш новим, модернијим, макар и по цену да мораш да додаш мало новца од џепарца...

☺ Бубуљице ти одједном загорчавају живот? Не чекај да их буде на десетине па да тек онда нешто предузмеш. Ако твоји родитељи сматрају да је прерано за одлазак код козметичарке, можеш да им предложиш неко друго решење. Постоје ефикасна средства за негу коже која се једноставно користе, рецимо, лосиони за чишћење лица и маске од глине. Сигурно ћеш прснути у смех кад видиш своје лице прекривено маском...

Ти си на потезу! (наставак)

Можда се због нечега разликујеш од других, рецимо због неког младежа, благе разрокости или избачене вилице. Зато не личиш на лица из часописа којима се толико дивиш, а која су у суштини прилично обична. Не дозволи да ти задиркивање подрије морал. Видећеш: можда ће оно што ти сада толико смета постати твој заштитни знак. Као код оних којима се сви диве и за које кажу да су „фаце“!

ЗЛАТНО ПРАВИЛО

Сети се да набациш осмех на лице, то је много симпатичније.

Родитељи се разводе због мене

Родитељи који се разводе – то је увек врло мучна ситуација и разумљиво је да се осећаш изгубљено. Али, зашто би то била твоја кривица?

Ако се родитељи никад нису свађали у твом присуству, вероватно ти се чинило да се добро слажу. Или се можда нису потрудили да ти објасне шта се десило, па ти сад измишљаш своје објашњење. А будући да ти недостаје самопоуздање, по глави ти се мотају ужасне мисли: чврсто верујеш да си крив за (скоро) све. Мислиш, на пример, да си ти нека врста лепка који их је повезивао,

али да сада више немаш довољно снаге да задржиш онога који одлази.

Треба, међутим, нешто да знаш: дете никад није одговорно за разлаз двоје одраслих. Чак ни ако су пале тешке речи, на пример: „Сви сте ми се смучили." Има родитеља који праве разлоге скривају иза разних изговора: не усуђују се, рецимо, да признају да одлазе како би живели с неким другим. А неким родитељима је, једноставно, тешко да подижу дете, и онда на њега преносе своје незадовољство.

Ти си на потезу!

Покушај да раздвојиш оно што се дешава између твојих родитеља од онога што се дешава у твом животу. Другим речима, немој превише да се мешаш у њихове ствари. Ако паднеш у искушење да станеш на страну једног родитеља, добро размисли: можда ћеш касније имати грижу савести!

Ти си на потезу! (наставак)

Сигурно имаш другове и другарице чији су родитељи разведени. Поразговарај с њима о ономе што се догађа у твојој породици. Отворено им реци да се плашиш да си ти узрок свему. Мрачне мисли ће се распршити. Схватићеш да су многа деца разведених родитеља прошла кроз тешке тренутке са којима се и ти суочаваш. Другарица ће ти испричати о свађама између својих родитеља; друг ће ти рећи да је његова мајка ионако хтела да оде... То ће ти сигурно помоћи да почнеш другачије да размишљаш.

А како би било да отворено питаш родитеље? Или барем оног од њих двоје који је у овом тренутку расположенији за разговор... Можда њима није ни на крај памети да имаш осећај кривице. Они ће се запрепастити, а теби ће... лакнути!

ЗЛАТНО ПРАВИЛО

Развод је увек ствар одраслих.

Наставник сматра да се на часовима не истичем довољно

А шта ти мислиш? Можда је наставник ипак у праву? И најпричљивије дете може да постане „везана врећа“ само зато што се налази у учионици. А још ако си по природи стидљива особа...

Ако си у вишим разредима основне школе, сигурно је тај проблем на неким часовима израженији него на другим. Зазиреш од ауторитета и довољно је да те нека одрасла особа заплаши, па да се спетљаш. Зато ти је неописиво тешко да се покажеш у пра-

вом светлу. И онда рефлексно почињеш да се кријеш: иако знаш тачан одговор на неко питање, не усуђујеш се да се јавиш. Па-ра-ли-шеш се! Или одустајеш само зато што је неко подигао руку пре тебе. Али, ако се не јављаш кад наставник испитује, како он може да стекне утисак да се довољно трудиш? Кад каже да се не истичеш довољно на часу, његове речи доживљаваш као прекор. Али, то је само констатација. Он не каже да си ти најгори ђак у одељењу већ само да му је тешко да процени твој ниво знања из његовог предмета. У суштини, волео би да те мало боље упозна.

Ти си на потезу!

☺ Седи у клупу у којој се осећаш најпријатније кад одговараш. То, рецимо, може да буде последња клупа: само ће наставник видети кад дигнеш руку и нећеш се толико плашити реакције својих другова. Ако говориш сасвим тихо, боље је да одабереш неки од првих редова. А ако се наставник често шета по учионици, јави се кад се нађе у твојој близини.

Ти си на потезу!
(наставак)

Поразговарај с наставником који сматра да се на часовима не истичеш довољно. То је боље него да се инатиш! Код њега можеш да одеш сам, с родитељима или с другом из одељења, како би му изнео свој проблем. Видећеш: ако прво поразговараш с њим у четири ока, касније ћеш се лакше јављати за реч пред целим одељењем .

ЗЛАТНО ПРАВИЛО

Први корак је често најтежи.

На одмору се обично држим по страни

Имаш осећај да те група вршњака не прихвата и патиш због тога.

Постоје прелазни периоди, када је донекле нормално да се држимо по страни, да одуговлачимо са склапањем пријатељстава. То се, на пример, дешава кад променимо школу. Ако имаш само једног доброг друга (или једну супер другарицу), природно је

да се у његовом (или њеном) одсуству осећаш помало изгубљено. Осим тога, у узрасту си кад се мењају игре и активности у школском дворишту. Зато имаш утисак да теже проналазиш теме за разговор. Једно је сигурно: усамљеност ти нимало не прија. Што је још горе, пошто ти нико никад не прилази, чини ти се да и не заслужујеш да се за тебе неко заинтересује. Сваког дана се понавља иста слика: кад звони за велики одмор, остали изгледају задовољно, а ти се плашиш да ћеш опет све време провести у свом ћошку, што није нимало забавно.

Ти си на потезу!

☺ Чини ти се да други имају урођену способност да се уклопе у групу? А шта ако то уопште није тачно? Први контакт понекад захтева известан напор. Можда ти друга деца не прилазе зато што се не усуђују – као што се ни ти не усуђујеш да приђеш њима – а не зато што мисле да то не заслужујеш! Стидљиве особе често изгледају одбојно.

Ти си на потезу! (наставак)

Не знаш како да успоставиш контакт? Затражи неку практичну информацију, пошто се после тога обично лако прелази на неку другу тему. На пример, кад излазите из школе, можеш да питаш друга или другарицу из одељења: „Је л' и ти идеш 'тридесет двојком'?", „Којим путем се враћаш кући?"... Можда ћете открити да имате нешто заједничко, да сте практично комшије или нешто слично, и то ће бити почетак вашег дружења. И покажи интересовање за друге, за оно што они раде, мисле. То је често кључ да се стекне њихово поштовање.

На одмору се укључи у фудбалску утакмицу или размену сличица (или у партију кликера итд.) која тек почиње. То је лакше него да ти предложиш неку игру.

Пошто се на одмору држиш по страни, искористи то да посматраш друге. На крају ћеш открити да су нека деца симпатична. Можда сте већ разменили покоји осмех... А онда, једнога дана, кад процениш да је згодан моменат, скупи храброст и питај их да ли можеш да им се придружиш...

ЗЛАТНО ПРАВИЛО

Кад се једном залепи, етикета „вук самотњак" тешко се скида.

Плашим се да одрастем

Ех, да можеш да се вратиш уназад! То би ти баш одговарало, зар не? Мало претерујемо, али једно је извесно: за разлику од неких својих другова и другарица, ти не журиш да одрастеш. Због чега се толико снебиваш?

Не привлачи те свет одраслих: изгледа ти опасно, компликовано, сурово, напорно... Осим тога, кад видиш одрасле око себе, уопште немаш жељу да личиш на њих: искрено говорећи, не подсећају те много на твоје идоле. А кад си ти у питању, не можеш да замислиш себе као будућег Супермена. Тешко је кад се неко нађе између два животна доба: по висини не заостајеш за мајком, а ниси ништа мања маза од свог млађег брата... Ужасно те плаши помисао да ћеш ускоро одрасти, не осећаш се спремно за

тај корак иако је твоје тело већ почело да поприма облик одрасле особе... Како да замислиш себе као одраслу особу кад се још не осећаш пријатно ни у својој тинејџерској кожи!

Ти си на потезу!

☺ Не брини: нико није одрастао преко ноћи. То се одвија полако, неосетно. Пошто је тај процес постепен, имаш времена да се навикнеш. Зар између шесте и девете године ниси порастао а да то ниси ни приметио? Исто ће се десити и између тринаесте и шеснаесте, па између шеснаесте и деветнаесте и тако редом...

☺ Добро размисли: сигурно лако можеш да замислиш себе како се нечим бавиш. Играш шах? Волиш да возиш бицикл? Зашто не би наставио да радиш оно у чему данас уживаш? Постоји веза између особе каква си сада и оне која ћеш постати кад одрастеш: те две особе нису потпуни странци.

Ти си на потезу! (наставак)

Приближавање свету одраслих пружа ти прилику да стекнеш више самопоуздања. Мислиш да је то тешко? Напротив, имаћеш већу слободу! Додуше, и нове обавезе. Али зар њих ионако већ немаш?

Прихвати одговорне задатке у средини у којој се пријатно осећаш: у спортском клубу, у школи, на секцији... Човек не постаје одрастао кад напуни одређени број година. То се неће неминовно десити на твој деветнаести рођендан. Има људи који одрасту врло рано и оних којима су за то потребне године и године: огромна је разлика између петнаестогодишњака са села који је уписао средњу школу у граду и маминог сина који живи с родитељима до своје двадесет седме године!

ЗЛАТНО ПРАВИЛО

Често се плашимо онога што не познајемо довољно.

Треба да обучем шорц или купаћи костим! Ужас!

Довољно је да уђеш у кабину за пресвлачење па да ти се живот претвори у пакао. Треба да се свучеш, а сматраш да твоје ноге, младеж на твојој задњици и облик твојих мишица никако нису за показивање.

Откад знаш за себе, мрско ти је да се разголићујеш у јавности. Ништа ти не пада теже од погледа испод ока који, тобоже незаинтересовано, меркају твоје тело. Зато се сада, у периоду кад се преображаваш, неминовно осећаш још горе! Твоје тело се

мења и потребна ти је самоћа да се на њега навикнеш; или је, напротив, то и даље тело детета, док се у твојој глави одвија права револуција...

Могуће је, такође, да ти раније уопште није било непријатно да обучеш купаћи костим пре одласка на базен. А сада се, одједном, осећаш нелагодно. Тешко ти је да откријеш своје прве маље, груди које пупе, предуге или предебеле ноге...

У крајњем случају, можеш да избегаваш одласке на базен током распуста, али шта ћеш да радиш на часовима физичког? У фискултурној сали или на базену ћеш морати да се појавиш без одеће пред осталом децом из разреда! Примедбе могу да буду немилосрдне, нарочито ако је очигледно да ти је непријатно.

Ти си на потезу!

☺ Потруди се да изгледаш што опуштеније. То је бар просто: ако се види да ти је непријатно, већа је вероватноћа да ћеш постати предмет исмевања, које не мора да буде злобно, али може да те повреди.

Ти си на потезу!
(наставак)

Можда ти видиш само своја „огромна“ колена, кошчата рамена, груди које расту спорије него што би желела... Немој непрестано да причаш о томе: чак и ако је то тачно, други нису ништа приметили! Ако заиста желиш некоме да се повериш, одабери пријатеља или пријатељицу који то неће рећи ником – *баш* ником.

Не избегавај спортске активности, то није добро решење. Боље је да потражиш одећу у којој се нећеш осећати толико нелагодно. Ако си девојчица, одабери спортски купаћи костим какав носе пливачице; ако си дечак, набави боксерице. За часове у фискултурној сали одабери шорц који прекрива горњи део бутина... Видећеш: нећеш се осећати превише разголићено.

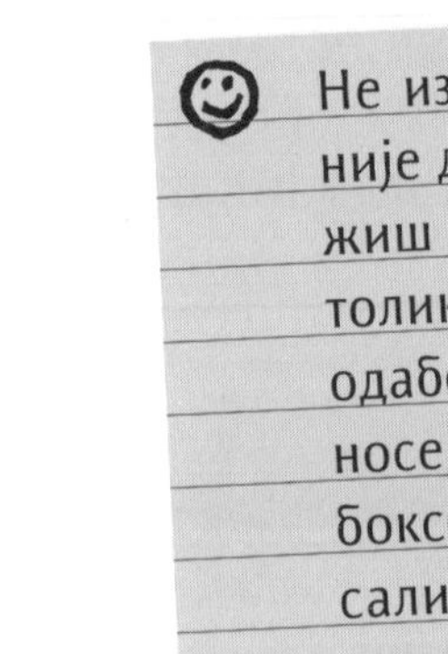

ЗЛАТНО ПРАВИЛО

Немој да будеш заточеник туђих погледа.

Моји родитељи никад нису задовољни

Јеси ли сигуран? Одакле ти такав утисак? Ех, ти родитељи! Није их увек лако разумети... Ипак, немој све да превише примаш к срцу!

Критикују те због овога, због онога... због свега. Замерке само пљуште: ма шта да урадиш, имаш осећај да није добро. А да у

последње време ниси осетљивији на примедбе него иначе? Не можеш да се снађеш и погађа те и најмања замерка… Како било да било, чини ти се да никад ниси на висини задатка…

Ти си на потезу!

☺ А да ипак малчице не претерујеш? Можда погрешно тумачиш све што није суперпохвала на твој рачун? Пре него што се снуждиш, добро размисли: није ли нека од тих замерки ипак оправдана? На крају крајева, можда те и не грде онолико колико ти се чини.

☺ Извукао си премију: имаш суперзахтевне родитеље. У извесном тренутку они неминовно почињу да ти упућују више критика него комплимената. Ако је тако, не брини: то не значи да си најгори од свих већ да они имају превелике захтеве. Можда су такви у свему, чак и према себи? Без обзира на то, ништа те не спречава да поразговараш с њима: ако си заиста у праву, они можда и не схватају да те њихово понашање толико погађа.

Ти си на потезу! (наставак)

☺ Анализирај ситуацију: да ли су твоји родитељи тренутно уморни, да ли их муче неке приватне бриге или проблеми на послу? Ако је тако, сигурно су напети и зато ти се чини да стално нешто пригова-рају. Наравно да лоше располо-жење не треба да искаљују на теби, свом детету, али нико није савршен! Уосталом, можда си приметио да си и сâм склон да критикујеш све око себе кад имаш проблеме. Поразговарај о томе с оцем или мајком – с оним од њих двоје ко ти изгледа мање уморно – и предложи им да вам време које проводите заједно убудуће служи за опуштање.

ЗЛАТНО ПРАВИЛО

Не посустај чак ни ако критике пљуште.

Фрка ми је кад треба да говорим пред целим одељењем

Уопштено говорећи, јављање за реч ти баш и није јача страна. А још кад треба да говориш пред много људи! То је прави кошмар. Учионицу доживљаваш као арену у којој се одвијају гладијаторске борбе, као у време старих Римљана. Како да извучеш живу главу... и не разочараш се у себе?

Чим поставиш неко питање, сви погледи се окрећу ка теби. У одељењу увек постоји неко ко је спреман да се нашали – мање или више добронамерно – или да ти се наруга. У праву си: то јесте непријатно и не олакшава јављање за реч, које већ само по себи

захтева огромну храброст. Или се можда плашиш онога што би други могли да помисле о теби? И ствари се онда све више компликују: како да знаш да ли те воле, да ли ће те пажљиво саслушати? Или се плашиш да изнесеш мишљење супротно од општег? Најпре би требало да пробаш да говориш као да други нису присутни.

Ти си на потезу!

Тачно је да је веома тешко говорити пред целим одељењем. За почетак, покушај да се јавиш за реч онда када ти је то најзгодније: док радите у малим групама, на школским излетима...

Лакше ћеш се јавити за реч ако су око тебе другови у које имаш поверења. Али, пази: то не морају да буду твоји најбољи другови, нарочито ако они уживају у томе да те задиркују!

Размисли: сигурно ћеш се осећати много горе ако се не јавиш за реч, а знаш тачан одговор, него ако мораш да трпиш туђе погледе зато што си се јавио.

Ти си на потезу! (наставак)

Понекад себе тешиш речима: „Боље је да се не јављам, пошто ћу вероватно лупити неку глупост.“ Али, ако прихватиш ризик и упустиш се у расправу, пружићеш себи прилику да боље схватиш предавање. Истовремено, тако успостављаш контакт с наставником, који ће лакше уочити шта ти представља проблем на његовим часовима и онда ће моћи боље да те усмери.

Иступање у јавности се вежба: постоје чак и курсеви на којима се то учи! Одређене активности могу да ти помогну да лакше савладаш ову вештину: драмска секција, хор, плес... Почни већ сада да вежбаш, како би ти такве ситуације постале пријатније. И разведри се! Чак су и неки наставници и политичари били стидљиви ђаци!

ЗЛАТНО ПРАВИЛО

Ти си свој најбољи портпарол.

Баш бих тренирао кошарку, али мислим да не умем да играм

Други могу да те виде како се бавиш спортом само на часовима физичког. Откуда тај напад стидљивости, коме се чак и сам чудиш?

То је баш глупо! Желиш и можеш да се бавиш спортом, али то не радиш, изговарајући се да ћеш можда забрљати. Уосталом, шта уопште значи „забрљати" у неком спорту? Свима се дешава да промаше кош или погрешно додају лопту, али због тога не престају да тренирају. Суштина спорта је

управо у томе да грешиш да би напредовао. И у томе да се играш, да уживаш!

Теби заправо тешко пада поређење с другима. Осим тога, имаш тако мало самопоуздања, да мислиш: „Ево још једне области у којој нећу ништа постићи.“ Страхујеш да ћеш опет нарушити свој имиџ, који ионако није баш сјајан. Грешиш. Само због страха од туђих погледа не бавиш се спортом који ти се свиђа и који сигурно крије лепа изненађења: кад нешто волимо, то нам обично добро иде.

Ти си на потезу!

☺ Када тренираш спорт у неком клубу, прве године сви су најчешће почетници. Понекад, чак, тотални почетници. То је утешно, зар не? Нећеш бити у истој групи с онима који су на вишем нивоу. Уосталом, сви су неспретни и осећају се смешно кад почињу да скијају или играју тенис...

☺ Људи обично благонаклоно гледају на младе који се баве неким спортом. Зато не буди песимиста, јер постоји опасност да такав став касније прошириш и на друге области.

Ти си на потезу!
(наставак)

Зашто си тако строг према себи кад је реч о спорту? Осећаш се веома нелагодно у сопственој кожи? Ако је тако, хитно поразговарај о томе с родитељима или с неком другом одраслом особом у коју имаш поверења.

Тренирај мало сâм или с друговима с којима си близак, да би стекао самопоуздање. Тако ћеш бити спокојнији када се касније суочиш с осталим члановима екипе.

ЗЛАТНО ПРАВИЛО

Кад нешто радиш,
можеш да забрљаш... или да успеш.

Човек мора све да зна!

Тако, дакле, заиста тако мислиш? А хтео би да мало олабавиш притисак... Зашто да не?

Можда су те још од малих ногу подвргли интензивним припремама за улазак у свет одраслих. Као да је то неки испит који се оцењује. Могуће је да сте ти и твоји родитељи склони претеривању, које има један једини циљ: да од тебе направи савршеног мушкарца или савршену жену који брилирају у свим областима (уметност, спорт, страни језици...). Не заборавимо да ћеш

такође морати да оснујеш савршену породицу... То јест, да сретнеш идеалну жену (мушкарца), исто тако без мане као што си и ти. Какав тежак задатак! А да погледамо ствари из другог угла? Понекад имаш утисак да су твоји родитељи супермама и супертата, да све знају и да су у свему успешни... И да су забрљали само кад си ти у питању, пошто ти мислиш да им ниси раван (види поглавље *Ја сам једини лузер у породици*). Ма хајде, не брини: сви имају мане. Чак и твоји родитељи, иако их ти још доживљаваш као одрасле особе које су изузетно моћне. Баш сви, чак и врхунски спортисти, манекенке и новинари које виђаш у медијима. Мало-помало, схватићеш да одрасли имају и врлине и мане. И твоје способности ће с временом избити на површину.

Ти си на потезу!

☺ Сматрају те одраслом особом у минијатури и зато списак твојих дневних обавеза изгледа као да си министар? Можда толике обавезе нису у складу с потребама некога ко је још тако млад. Зато се осећаш преоптерећено, изгубљено. Чини ти се да ти ништа не полази за руком и да ништа и не умеш да урадиш како треба. А како би било да одабереш активности које волиш, а да остале баталиш? Поразговарај о томе с родитељима!

Ти си на потезу! (наставак)

У неким областима се напредује вежбањем: то је, рецимо, случај са учењем и спортом. Али управо свакодневна искуства обликују твоје склоности и карактер. И те ствари су важне за одраслу особу! Не заборави: у животу се стално учи. То и јесте најлепше од свега.

Постоје велики физичари који не умеју да промене сијалицу, иако то може да буде корисна вештина. Постоје механичари којима лоше иде дељење, мада је и то корисно знати. Није важно да умеш све да радиш него да добро радиш оно што умеш и волиш.

ЗЛАТНО ПРАВИЛО

У животу понекад треба да умеш да ништа не радиш.

Трапавост ми тешко пада

Довољно је да узмеш у руке неки предмет, па да он заврши на земљи. Кад постављаш сто, мало-мало па поломиш чашу. Добро је што помажеш у кући, али зашто ти све испада из руку?

Ако испушташ предмете, то је вероватно зато што се осећаш непријатније него раније у телу које расте. Сада имаш пет центиметара више него прошле године? Нормално је да удараш о врата и лоше процењујеш раздаљину! Стално се саплићеш о тепих? То је сигурно зато што су ти стопала порасла за два броја и сметају ти при ходу. Представа коју имаш о свом телу зове се

„телесна шема". Њој понекад треба мало времена да се прилагоди стварности: ако растеш, а себе и даље замишљаш у телу које је остало непромењено, неминовно ћеш открити да се твој стан смањио. Што је најгоре од свега, после сваке такве мини катастрофе чујеш коментар: „Немој више ништа да дираш!" Или: „Не могу да верујем! Ти то намерно радиш!" И онда се осећаш понижено, само што не бризнеш у плач. А можда се то дешава само због твоје расејаности? Ако, док узимаш шољу, мислиш на другове или последњи контролни из математике, много је вероватније да ћеш је поломити.

Трас! Шоља је пала и ти на основу тога закључујеш да си лузер. Мислиш да ти ништа не полази за руком, осећаш се неспособно, промашено...

Ти си на потезу!

☺ Нагло си израстао. И сам то примећујеш, али погледај своје фотографије од прошле године, па ћеш уочити разлику. И дај себи мало времена да се навикнеш на промену! Кроз месец дана ћеш се поново осећати пријатно у сопственој кожи. У сваком случају, не брини: ако си сада неспретан, не значи да ћеш такав и остати!

Ти си на потезу! (наставак)

Постављање стола, сређивање собе... Све ти то изгледа тешко. Према твом мишљењу, то је обично смарање. Не испушташ ствари намерно, али пошто кућне послове више не обављаш с некадашњим одушевљењем, пажња ти попушта. Спусти се на земљу, усредсреди се на оно што радиш и видећеш да ће те предмети боље слушати.

А како би било да замолиш одрасле да покажу мало више разумевања? Имаш толико нових обавеза! Сад си у вишим разредима, тело ти се мења, исто као и твоји односи с девојчицама, дечацима... Ако у твојој глави влада збрка, логично је да се то одражава и на твоје тело.

Ломиш све што дотакнеш, испушташ ствари... Осим тога, бризнеш у плач због сваке ситнице, брзо планеш, мало-мало па те обузме дрхтавица... Ако осећаш претерану напетост, поразговарај о томе с родитељима и посаветуј се с лекаром.

ЗЛАТНО ПРАВИЛО

Ако нешто испустиш, не значи да ћеш све да пропустиш.

Стално ми говоре да желим да будем у центру пажње

Тако значи? А зашто ти то говоре?

Никоме не дозвољаваш да дође до речи? Непрестано се трудиш да привучеш пажњу? Да смислиш неку нову глупост? Чини ти се да мораш стално нешто да глуматаш да би те људи волели? Укратко, понашаш се егоцентрично, како се то обично каже? Ако ти то мање-више сви говоре, значи да заиста мало претерујеш. Делујеш самоуверено, а

заправо желиш да од других чујеш умирујуће речи: „Да, ти си важан (важна), да, на тебе се обраћа пажња.“ Само тако можеш да осетиш да постојиш. У ствари, желиш да се осећаш вољено. То је сасвим природно, али ово није баш најбољи начин да то постигнеш...

Ти си на потезу!

☺ Тражиш љубав и признање, али твоје понашање изазива критике и прекоре. Пошто се превише трудиш да те други воле, не пружаш им прилику да те цене онолико колико заиста заслужујеш! Шта, дакле, треба да радиш?

☺ Имаш право да тражиш своје место под сунцем, али промени метод. Направи селекцију: шта треба да кажеш и урадиш? Шта је сувишно? Прихвати чињеницу да не мораш све време да будеш у центру пажње и да људи показују интересовање и за твоју браћу и сестре или за твоје другаре. Они то заслужују исто колико и ти!

Ти си на потезу! (наставак)

- Ако те код куће критикују због егоцентричности, можда је то зато што је твом брату или сестри, из неког мање-више озбиљног разлога, објективно потребно више пажње: он је дете с посебним потребама, она је још беба, он је тренутно болестан… С правом желиш да родитељи и теби поклоне пажњу, али то треба да им ставиш до знања на неки други начин, а не глуматањем. Зашто не пробаш речима?

- Понекад у главама родитеља влада прилично велика збрка. Можда не успеваш да докучиш зашто отворено показују већу наклоност према твом брату или сестри, а можда ни они сами то не могу да докуче! Неки очеви, на пример, сматрају да дечацима треба мање пажње, неке маме се тешко мире с чињеницом да њихова девојчица постаје девојка… Поразговарај о томе с неким чланом породице у кога имаш поверења: кад сазна шта те мучи, можда ће моћи да утиче на твоје родитеље да промене понашање које те погађа.

ЗЛАТНО ПРАВИЛО

Другима можемо да будемо занимљиви и када нисмо у центру пажње.

Откако сам у петом разреду, осећам се изгубљено

Одједном ти је све ново и осећаш се изгубљено. Имаш добар разлог: прелазак у пети разред је огромна промена! Али, зашто се тај осећај с којим не успеваш да изађеш на крај јавља у свакој ситуацији?

Виши си него прошле године, сазрео си, сад идеш у пети разред... Требало би да имаш више самопоуздања, а дешава се управо супротно! Шта то успева да те избаци из равнотеже? Пре свега, нови простор, пошто се часови одржавају у различитим учионицама. Понекад прелазак у пети разред подразумева чак и прелазак у другу школу, па сад мораш да пролазиш улицама које не познајеш довољно добро или да се возиш аутобусом.

Можда имаш нове другове и другарице. Осим тога, у нижим разредима си имао

само једну учитељицу или учитеља и можда још два-три наставника (из страног језика, физичког, музичког или веронауке), а сада за сваки предмет имаш другог наставника и сваки од њих има своје методе, захтеве... То је стварно превише! Што је најгоре од свега, у нижим разредима си био „велики", а сада, као петак, спадаш у „клинце"...

С обзиром на све ове промене, на почетку године имаш разлога за забринутост. То се многима догађа. Али не губи самопоуздање! Постоји једноставан трик који ће ти помоћи: не заборави да си и даље иста особа. Ево шта треба конкретно да урадиш: састави списак ствари које волиш, оних које не волиш, па оних које ти уливају осећај сигурности... Полазећи од тог ослонца, покушај да пронађеш себи место у новом окружењу. И даље се осећаш лоше, иако је прошло месец дана од почетка нове школске године? То је баш непријатно. Сигурно можеш да урадиш нешто што ће ти помоћи да повратиш самопоуздање.

Ти си на потезу!

☺ А како би било да направиш план учионица у којима се одржава настава за ученике виших разреда? Покажи га друговима и упоредите утиске. То ће ти помоћи да добијеш јаснију слику о новом простору.

Ти си на потезу! (наставак)

Никако ти не полази за руком да стекнеш нове другове и другарице? Ево једног савета: покушај да се зближиш с неким из разреда, можда чак с неким с ким баш и немаш жељу да се спријатељиш. Уосталом, можда ће те изненадити управо они који су те у почетку мање привлачили. Један контакт повлачи за собом други, и тако ћеш на крају упознати већину деце из разреда, почећеш да комуницираш с њима и нећеш више остајати по страни.

Ако не знаш коме да приђеш, зашто не покушаш с понављачима? Они одлично знају како ствари функционишу. Откриће ти навике појединих наставника, пречице до кабинета за биологију или до фискултурне сале... У школи за њих нема тајни!

Ти си на потезу! (наставак)

И даље се не сналазиш? Уз помоћ родитеља, закажи састанак с наставницима на чијим часовима имаш највише проблема или с разредним старешином. То ће бити одлична прилика да увидиш у чему грешиш. Видећеш: боље ћеш се осећати кад коначно откријеш шта се очекује од тебе!

А како би било да се мало играш детектива? То је баш забавно! Откриваш нови простор, то је права пустоловина! Можеш да анализираш људе, места, нове методе рада... Слично се осећамо и кад се преселимо: треба нам времена да се снађемо. Анализирај навике ученика и наставника (неки, на пример, траже да се подвлачи црвеном оловком, да их поздрављају на одређени начин...). И, зашто да не, састави спискове који ће ти помоћи да се лакше снађеш!

ЗЛАТНО ПРАВИЛО

Декор се мења, али ти остајеш ти.

Купање ми је ноћна мора

Толико се непријатно осећаш у свом телу да само пролетиш кроз купатило једном дневно, понекад ниједном... Твоји родитељи нису баш одушевљени због тога, а теби је тешко да им објасниш зашто се тако понашаш. Проблем није у томе што је вода мокра већ у твом телу.

Задиркују те, али те у суштини разумеју: ако се осећаш помало непријатно кад погледаш своје голо тело, нормално је да не гориш од жеље да се њиме бавиш! Кажеш да ти је мрско да се купаш, да је то губљење

времена, али добро знаш да се прави разлог крије негде другде. Али, где тачно? Анализирај на трен свој изглед. Рецимо, у огледалу у купатилу! Не допада ти се твоје лице? Сматраш да су ти ноге превише маљаве (ако си девојчица) или скоро ћосаве (ако си дечак)? Не свиђа ти се онај набор на стомаку који се појави кад седиш у кади? Купање, које је за тебе годинама било банална ствар, постало ти је тако мучно...

Ти си на потезу!

Можда тренутно имаш неки конкретан проблем: кожа ти је огрубела и имаш мноштво бубуљица, почеле су менструације, вага показује неколико килограма више... Зато имаш комплексе. На срећу, то сигурно неће потрајати: држаће те таман онолико колико је потребно да се навикнеш (кад је реч о менструацији) или да нешто предузмеш (кад је реч о бубуљицама или сталном грицкању). Ако те муче такве бриге, врло је важно да ти тело буде чисто. Уради оно што се мора, то не траје сатима.

Непријатно ти је кад себе посматраш без одеће? Немој да се тушираш него напуни каду водом и направи купку с много пене! Испод тог меканог покривача осећаћеш се лако као балон од сапунице...

Ти си на потезу! (наставак)

А како би било да се играш у кади? Наравно, не као нека беба. Можеш да читаш, сањариш, слушаш музику итд.

Купање може да буде веома забавно, чак и ако у каду не стављаш бродиће или „барбику"! Додај у воду мирисну пену или пар капи неког есенцијалног уља, користи сапунчиће необичних облика... Тражи да ти за Нову годину поклоне уређај који се ставља у каду и клобуча воду – то ће се сигурно допасти и твојој мајци. Видећеш: кожа ће ти постати мекша и боље ћеш се осећати.

Твоја одлука је ипак чврста: купање не долази у обзир! Онда може само прање на брзака, али редовно, или, чак, ако хоћеш, само део по део тела. Из обзира према другима... и себи, мораш да одржаваш хигијену косе, зуба, пазуха и ногу. И не заборави на негу интимних делова тела!

ЗЛАТНО ПРАВИЛО

У чистом телу се осећамо сигурније.

Не знам шта ћу моћи да радим кад порастем

Ма сети се само својих снова из раног детињства...

Са шест година сањао си да постанеш ватрогасац, а ти си маштала о томе да будеш учитељица. Док растеш, све више увиђаш разлику између снова и стварности. Зато ти је глава одједном потпуно празна: немаш појма чиме можеш да се бавиш у животу. Не дозвољаваш себи да сањариш, пошто је то за бебе, а истовремено слушаш

изјаве у стилу: „Ако не учиш, ништа нећеш постићи, нећеш радити занимљив посао..." И то те још више блокира!

У овом тренутку уопште не мораш да знаш шта желиш да радиш кад одрастеш. Такви планови се не праве на брзину. Ретки су они који постану баш оно што су желели да буду кад су имали једанаест година. Имаш времена да се предомислиш и промениш план.

Што ти је теже да замислиш себе као одраслу особу (види поглавље *Плашим се да одрастем*), то више губиш самопоуздање и не дозвољаваш себи да размишљаш о занимањима којима желиш да се бавиш. Не треба заборавити ни то да нису сви довољно обавештени о професијама које постоје.

Ти си на потезу!

☺ Ако те ово питање мучи и желиш да сазнаш нешто више, обавести се о разним занимањима у саветовалиштима за професионалну оријентацију, код школског психолога... Такође можеш да замолиш одрасле из свог окружења да ти кажу нешто о свом послу. Открићеш да постоје занимања о којима ништа не знаш. Схватићеш такође да нека занимања уопште нису онаква каквим их ти замишљаш.

Ти си на потезу! (наставак)

Толико те плаши помисао на одрастање да немаш појма чиме желиш да се бавиш у животу? Пусти то за сада. И даље можеш да живиш мирно, да се бавиш стварима којима се тренутно бавиш, да се максимално залажеш у школи и да се при том не секираш. То је све што се од тебе очекује у твојим годинама. Искористи то (види поглавље *Човек мора све да зна!*).

Препусти се сањарењу, као некада у раном детињству. Додуше, више не желиш да постанеш ватрогасац или учитељица, али важно је да сањариш. Још ниси у узрасту кад могу да ти кажу: „Немој да одабереш ту школу (или тај занат) – то је безвезе.“ Имаш право да замишљаш себе као фудбалера, хирурга или продавачицу цвећа. Полазећи од тих снова, осмислићеш план којим ћеш се руководити. Кад за то дође време.

ЗЛАТНО ПРАВИЛО

Важно је да нешто желиш, а после ћеш видети како то да оствариш.

Никад немам ништа занимљиво да кажем

Овакав начин размишљања отежава комуникацију. Зар стварно мислиш да баш никад немаш ништа да кажеш?

Шта то уопште значи: имам нешто занимљиво да кажем? Твоје изјаве обично остају без ефекта и зато мислиш да су потпуно безвезе? Пошто се осећаш напето, тешко ти је да се спонтано укључиш у разговор? Зар збиља верујеш да смемо да се јавимо за реч само онда кад можемо да изнесемо неку генијалну идеју? Да ли то важи за све људе из твог

окружења? Не важи? То онда значи да о себи судиш много строже него о другима!

С друге стране, није искључено да су баш људи из твоје околине криви за твоју несигурност. Можда твоји другови остављају на тебе снажан утисак због свог изгледа, самопоуздања, знања које, према твом мишљењу, поседују. А шта ако ти нимало не заостајеш за њима, упркос твом – потпуно субјективном – утиску да су они бољи од тебе? Или те можда околина (другови, чланови породице...) стално засипа примедбама и сад више не можеш да се ослободиш етикете коју су ти прикачили (види поглавље *Родитељи ми стално говоре да сам стока*).

У сваком случају, овако више не може! Свако од нас има нешто занимљиво да каже и зато заслужује да буде саслушан. То важи и за тебе. Да, да.

Ти си на потезу!

Брижљиво одабери тренутак кад ћеш се јавити за реч. Понекад те напросто не слушају зато што се не укључујеш у разговор онда кад треба. Ако у јеку расправе о фудбалу причаш о нечем десетом, другови неће бити расположени да те саслушају.

Ти си на потезу! (наставак)

Пажљиво бирај пријатеље. Немој да се окружујеш искључиво људима који те импресионирају. С времена на време проћаскај с неким у чијем ти је друштву пријатно: тако ћеш и ти имати утисак да си занимљив. Пошто треба да повратиш самопоуздање, дружи се са особама које слушају оно што говориш.

Кад се поведе неки разговор, прво покушај с мањим упадицама. За почетак се укључуј само онда кад хоћеш да изразиш слагање с мишљењем својих саговорника. Видећеш, људи ће обратити пажњу на твоје речи! Онда додај још понешто и, веровао или не, пажљиво ће те саслушати! Чак ће почети да ти постављају питања! Ето, проблем је решен.

Можда се ти, у суштини, плашиш да се разликујеш од других због тога што не мислиш исто као они? Зато се не усуђујеш да било шта кажеш, јер не желиш да се издвајаш. Пошто се плашиш шта би други могли да помисле о теби, не желиш да ризикујеш. Штета! Можда би их твоје речи навеле да се замисле или да, чак, промене мишљење!

ЗЛАТНО ПРАВИЛО

Човек није само оно што говори.

Немам никакве обавезе у кући

Тако значи? Баш чудно, пошто родитељима обично одговара да деци у твојим годинама повере одређене задатке. Шта се то дешава?

Чини ти се да више не прихватају ни твоје предлоге? Да родитељи о свему одлучују и све сами раде, а да ти само слушаш? Да ли се твоја представа о обавезама подудара с њиховом? Деца твог узраста често прижељкују мноштво обавеза: за тебе је одговорност синоним за слободу. Елем, као што знаш, родитељи понекад превише брину.

Ако твоји не размишљају на исти начин као ти, долази до неспоразума и ти се осећаш бескорисно, као да те не схватају озбиљно. Како да то промениш?

Ти си на потезу!

☺ Можда твоји родитељи нису приметили да растеш. Не схватају да сада можеш да урадиш много више него пре. То ти не помаже да гледаш позитивно на ствари! Стави им до знања шта мислиш. Реци им да увече можеш да останеш са̂м код куће кад они излазе, да причуваш млађег брата, да припремиш себи нешто за јело... Види о чему бисте могли да преговарате... Знаш, могли би да пристану брже него што мислиш!

☺ Да ли заиста желиш да се осамосталиш? Предложи родитељима да ти повере послове који су за њих прави кулук: можеш да изведеш пса у шетњу, да купиш хлеб док они припремају вечеру... Видећеш, после тога ће лакше пристати да ти повере нове дужности.

Ти си на потезу! (наставак)

Немој, ипак, да претерујеш. Ти још ниси одрасла особа, не можеш да имаш исте обавезе као твоји родитељи или неки старији тинејџери. Уколико си најмлађе дете у породици, то ти можда тешко пада. Ако родитељи сматрају да је још рано за неке ствари, имај поверења у њихов суд. Можда је заиста тако: то не значи да ти нешто не можеш, него да то може да буде опасно за твоје физичко или ментално здравље.

Уосталом, осврни се око себе: и само друштво ти намеће нека ограничења. Мотоцикл, на пример, можеш да возиш тек кад напуниш шеснаест година, неки филмови су забрањени за млађе од осамнаест година, у осамнаестој стичеш право гласа... Али ова ограничења не доводе у питање нечије способности.

ЗЛАТНО ПРАВИЛО

Обавезе треба да се деле.

Ако наставник каже да је контролни лак, још ми је теже да га добро урадим

То је баш чудно! Зар не мислиш да би требало да буде супротно? Али теби је довољно да ти неко каже како је све у реду, па да се узнемириш! Шта се то дешава?

Посреди је класичан механизам. Речено ти је да је контролни тежак? Ти онда размишљаш отприлике овако: „Чак и ако добијем

лошу оцену, нећу се обрукати." Али, ако наставник каже да је изузетно лак, онда је то права катастрофа! Уместо да се опустиш, ти си под притиском: ако не урадиш добро, испашћеш будала, пошто је контролни био лак, и нећеш имати никакво оправдање за лошу оцену! А будући да ионако сумњаш у своје способности, осећаћеш се као највећи јадник. Према твом мишљењу, наставник је хтео да каже: „Пошто је лако, сви морате да добијете петице." И онда почињеш да правиш грешке којих у твом задатку не би било да наставник није ништа напоменуо. А он је само хтео да охрабри цео разред или, чак, да вам помогне да поправите оцене пред тромесечје! Није му било ни на крај памети да су те његове речи толико избезумиле...

Ти си на потезу!

☺ Опусти се! Престани да се блокираш тако што стално понављаш: „Лако је, то значи да ћу добити добру оцену." Дубоко удахни и мирно прочитај задатак. Ако си учио, сигурно ћеш се снаћи. И не дозволи да те поремети то што неки ученици надмено говоре: „Ово је просто кô пасуљ!"

Ти си на потезу! (наставак)

Имај поверења у наставника: ако каже да је контролни лак, то је зато што мисли да сви могу да добију добре оцене, чак и најгори ђаци. А ти уопште не спадаш међу најгоре ученике у разреду!

Никако да завршиш? Не можеш да се искобељаш из запетљаних рачунских операција? Пошто те је обузела паника, вероватно си погрешно прочитао једну или две речи у задатку. Не компликуј без потребе. Прочитај натенане шта се од тебе тражи: сигурно ћеш се досетити шта треба да урадиш.

ЗЛАТНО ПРАВИЛО

Ко може много, може и мало.

Ионако ћу бити без посла

Тако значи? Одакле ти та идеја? Ти то не можеш да знаш, пошто немаш кристалну куглу. Дакле, у садашњости постоји нешто због чега не гледаш на будућност с превише оптимизма...

Сви причају о незапослености: родитељи (у реду, можда не баш твоји), политичари, медији... Стално слушаш о томе. И зато мислиш да сви пре или касније заврше на бироу рада и да ће се то неминовно десити

и теби. Нарочито ако ти школа не иде баш најбоље. Можда тако мислиш и зато што си у старту у лошем положају, на пример ако у твом месту има двадесет одсто незапослених... Клони се уопштавања! Тачно је да постоје неједнакости, али ако се усредсредимо на сопствени проблем, пронаћи ћемо решење.

Или те можда плаши то што су неки теби блиски људи незапослени: ако је, рецимо, твом старијем брату или мајци тешко да пронађу посао...

Ти си на потезу!

☺ Можда је твоја брига оправдана. Сматраш да си у тежем положају него други зато што ти читање или учење не иду баш од руке, тешко ти је да се концентришеш, породица не може много да ти помогне, издвајаш се због карактеристичног изгледа или имена, због чега си понекад жртва расистичких испада... Па ти си онда у великој предности: већ сада знаш шта би могло да ти отежа налажење посла. Можеш, дакле, да смишљаш начин како да заобиђеш те препреке и размишљаш о свим могућим занимањима која ти се допадају...

Ти си на потезу! (наставак)

Осврни се око себе: сигурно знаш некога ко је у извесном тренутку остао без посла, па се онда поново запослио. И некога ко никада није био незапослен. Постоје, значи, и такви примери!

Можда ти се чини да је оно што учиш у школи бескорисно: не разумеш како је повезано с твојим будућим занимањем. Полако! Све у своје време! Ако те помисао на незапосленост баца у очај, усредсреди се на школу и задовољства која из ње можеш да извучеш, као што су добре оцене и уживање у сазнавању нових ствари. Остало остави за касније!

Можда ти је нека одрасла особа у нападу гнева одбрусила: „Ако овако наставиш, касније нећеш моћи да се запослиш." Тачно је да је то врло низак ударац. Али то није пресуда. Немој да узимаш ту претњу превише озбиљно.

Ти си на потезу! (наставак)

У сваком случају, твој живот није зацртан једном за свагда. Ако у овом тренутку постижеш слабе резултате у школи, не мора да значи да ћеш касније бити без посла. Ништа није унапред одређено! Ево и доказа: нису сви успешни људи били вуковци.

Али, пази! Води рачуна да ти незапосленост не буде изговор да ништа не радиш на часу. Такво понашање на крају крајева може да ти нанесе огромну штету.

ЗЛАТНО ПРАВИЛО

Непотребна брига не делује нимало подстицајно.

Мислим да баш и нисам неки фрајер

Понекад ти дође да пукнеш од муке: твоја једанаестогодишња сестра већ је права девојка, а ти, иако имаш дванаест година, изгледаш као беба! Било би ти лакше да си мало боље грађен!

Да, то је тачно: многе твоје вршњакиње већ изгледају као девојке, док ти и твоји другари ни издалека не личите на своје очеве.

Шта можеш да предузмеш? Ништа: хормонска машина се активира сама од себе кад за то дође тренутак. Једини је проблем у томе што код девојчица она већ ради пуном паром у узрасту у коме се код дечака још није покренула. А управо она управља развојем мишића и растом. Укратко, она ће те једнога дана претворити у згодног фрајера! За твоју утеху, девојчице имају почетну предност, али већина вас дечака касније ће бити у повољнијем положају. Зато не буди љубоморан. Осим тога, кад одрастеш, код тебе ће се касније појавити знаци старења. То и није тако лоше, зар не?

Питаш се, ипак, да ли ће ти се остварити сан да постанеш снажан спортиста. Добро је што имаш узоре који ти помажу да се физички развијеш. Али, ако се тај сан претвори у опсесију, постоји опасност да те уништи и да постанеш још несигурнији у себе. Осврни се мало око себе, посматрај мушкарце на телевизији или у филмовима: док су жене углавном младе и лепе, момци не морају да буду много високи, могу да носе наочаре, да пусте стомачић... У суштини, девојкама се не допадају само добри фрајери! Наравно, ти ћеш још да растеш, али чак и ако никада не достигнеш висину од 190 центиметара, можеш да будеш шмекер и да се добро осећаш у својој кожи!

Ти си на потезу!

☺ У реду, мислиш да баш и ниси неки фрајер… Престани онда да проводиш слободно време испред телевизора! Почни да се бавиш неким активностима које ће ти помоћи да развијеш мишиће, рецимо пливањем, бициклизмом или неким популарним колективним спортом…

☺ Стрпи се мало. Твоје тело се неће променити преко ноћи. Преображај ће трајати неколико година. А можда се две-три године неће ништа дешавати, па ћеш онда одједном нагло да израстеш! Природа је понекад хировита…

Ти си на потезу! (наставак)

☺ Разуме се, можеш да помогнеш телу да се развије тако што ћеш се бавити спортом... Али, ми не одлучујемо о томе колико ћемо бити високи. Погледај свог оца или браћу (ако их имаш) и стећи ћеш слику о мушкарцима из своје породице. Можда нећеш бити нарочито висок, али ћеш бити лепо грађен! Или обратно! Или ћеш можда изгледати потпуно другачије од њих! Било би страшно кад бисмо сви изгледали једнако!

Девојчице се развијају раније него дечаци, то је ствар хормона. Кад ходаш поред њих, имаш утисак да си још нижи. Ако се пријатније осећаш са дечацима своје висине, зашто се не би дружио с њима? Уосталом, не брини: ствари ће се вероватно променити око твоје шеснаесте године. Можда ће тада девојчице подизати главу кад разговарају с тобом.

ЗЛАТНО ПРАВИЛО

Вредност се не мери величином мишића.

Сестра је у свему боља од мене

Није увек лако имати сестру (или брата). Пошто имате исте родитеље, склони сте да се међусобно поредите. Али одакле ти идеја да је она у свему успешнија?

У твојој глави „у свему" вероватно значи „у школи и код куће". Наиме, ако је једно дете добар ђак, родитељи су склони да према њему буду попустљивији. Тебе, на пример, мајка стално гњави да поспремиш собу, а сестру оставља на миру? То је зато што се плаши да ће се неуредност одразити

на твој успех у школи. Укратко, осећаш се обесхрабрено и, пошто ионако немаш лепо мишљење о себи, почињеш да претерујеш и мислиш да је она, та твоја фамозна сестра, заиста у свему боља од тебе. Похвале на њен рачун јаче одзвањају у твојим ушима него оне упућене теби... Сигурно те ужасно нервира, чак убија у појам, то што поред себе имаш некога коме све полази за руком!

Ти си на потезу!

А како би било да престанеш да се поредиш с њом? Боље размисли о томе у чему можеш да се поправиш!

Замоли сестру да ти помогне у областима у којима се одлично сналази. Ако је у свему савршена, сигурно је савршена и као сестра! Неће? То онда значи да баш и није тако идеална. Да јесте, не би дозволила да толико патиш!

Ти си на потезу! (наставак)

У животу има тренутака кад нам се чини да нам баш ништа не полази за руком. Као да то само по себи није довољно, тада нам се такође чини да су други, нарочито они који су нам блиски, у свему бољи од нас. Има таквих дана... А онда се преко ноћи све промени и опет нам све крене као по лоју.

А како би било да направиш списак области у којима брињираш? Можеш о томе да поразговараш и с родитељима. Они те познају боље него било ко други и сигурно ће ти помоћи да откријеш у чему си мајстор над мајсторима.

ЗЛАТНО ПРАВИЛО

Ситне слабости су понекад симпатичне.

Увек ћу бити антиталенат за српски

Како то можеш да кажеш кад се много тога из године у годину мења: растеш, имаш новог наставника (који има своје методе), а мења се и градиво... А једино ћеш ти, наводно, вечито остати антиталенат?

Без обзира на то о ком је предмету реч, градиво једне године може да ти изгледа незанимљиво, а да ти већ наредне постане интересантно. Све зависи од тога како се с њим упознајеш и како сазреваш. Ако, на пример, говориш себи: „Наставника се не

тиче шта ја мислим" и ако одбијаш да напишеш макар и најкраћи могући састав о доживљајима с летњег распуста или о некој другој теми, не можеш да очекујеш високу оцену. А онда ћеш једнога дана открити да је баш узбудљиво кад можемо да пренесемо другима своје мисли и осећања и постаћеш мајстор за писмене саставе. Ако си дечак и ако мислиш да лоша оцена из српског приличи дечацима, тако само одмажеш себи. Исто тако, неке девојчице верују да је математика за дечаке. Нису у праву. Уопште нису у праву!

Отараси се таквих изговора и утуви једну ствар у главу: градиво неће из године у годину постајати све теже, чега се ти вероватно плашиш. Прво, ти растеш и твоја способност да схватиш расте заједно с тобом. Друго, иако је реч о истом предмету, градиво се сваке године мења и можда ћеш открити неке нове области, које ће ти бити занимљивије. Осим тога, другачије ћеш гледати на знање стечено претходне године. Дакле, чак и ако ове године баш не бриљираш из српског, не значи да ће тако бити и убудуће. Под условом да ниси одлучио да уопште не учиш и да будеш лузер!

Ти си на потезу!

Пази да не постанеш главни кривац за свој неуспех: пошто чврсто верујеш да си антиталенат, на крају ћеш то и постати, а после ће ти бити тешко да се отарасиш те етикете.

Збиља мислиш да си антиталенат? Да нико није гори од тебе? Елем, бити најгори значи имати кечеве из свих предмета за које мислиш да ти не леже... Можда ти и твоји наставници сматрате да твоје оцене нису довољно добре, али оне сигурно нису баш најгоре. Избегавај прејаке речи!

Уместо да брзоплето закључиш да си антиталенат, размисли мало: да те није у последње време сустигао умор, или се осећаш обесхрабрено, безвољно, или ти напросто ништа не иде од руке?

Ти си на потезу! (наставак)

А да то није само изговор да не учиш? На пример: „Ја сам антиталенат за српски и зато нема сврхе да се трудим." То је превише лако, зар не?

Можда ти је отац причао да се ужасавао српског у школи? Ко каже да ти у свему мораш да будеш као он?! Твојој мајци су лоше ишли писмени састави? Покажи јој да се разликујеш од ње!

ЗЛАТНО ПРАВИЛО

У животу ништа није коначно.

Желим да будем председник одељенске заједнице, али се плашим да се кандидујем

Разумљиво је што то желиш, пошто је то веома привлачна функција. Зашто да баш ти не будеш председник одељенске заједнице?

Мислиш да деца воле председника одељенске заједнице зато што су гласала за њега. Осим тога, он заступа интересе ученика и представља одељење на наставничком већу и зато га сви поштују и уважавају. Због тога прижељкујеш ту функцију. У праву си: она би ти донела важне задатке и истак-

нут положај међу вршњацима. Једино што – барем за сада – ниси међу кандидатима за ту функцију. Шта се десило? У прошлости си се кандидовао, али те нису изабрали? Желео си да се кандидујеш и учинио си то. То што ниси изабран не треба да схватиш као свој лични неуспех. Кандидата је много, а председник одељенске заједнице је само један. Окушај поново срећу наредне године.

Ниси се кандидовао из страха од неуспеха? За почетак треба да направиш први корак: прихвати могућност да не будеш изабран.

Ти си на потезу!

☺ Ма хајде, скупи храброст и кандидуј се. Чак и ако се помало плашиш. Чак и ако ти се чини да су остали кандидати „веће фаце" од тебе. Понекад ученици више воле да их представља неко ко је помало повучен, али на кога могу да рачунају. Можда ћеш се пријатно изненадити!

☺ Одабери прави тренутак. Биће ти лакше ако већ познајеш све ученике из одељења. Ако сте били заједно и прошле године, већ си успоставио контакт с њима и сигурно ћеш лакше бити изабран. У противном, упознај се мало боље с друговима из одељења пре него што се кандидујеш.

Ти си на потезу! (наставак)

Кандидовао си се и ниси изабран? Покушај да схватиш зашто. Неки разлози су ти потпуно јасни, а неки баш и нису толико очигледни. Искористи резултате те мале анализе да се боље припремиш за следећи пут.

Не могу сви да буду председници државе! У друштвеном животу можеш да учествујеш на разне начине. У реду, ниси председник одељењске заједнице, али то те не спречава да покрећеш разне иницијативе. Твоји другови, на пример, желе да се поведе расправа о некој теми или да се организује излет, али се не усуђују да о томе разговарају с наставником? Буди њихов портпарол. То ће ти донети углед који си прижељкивао кад си се кандидовао за председника одељенске заједнице!

ЗЛАТНО ПРАВИЛО

То што нису гласали за тебе не значи да те не уважавају.

Нико није заљубљен у мене, ја сам обична нула

Ајој! Опет мислиш да си лузер! У праву си, лепо је кад нас неко воли, али зар мислиш да вредиш мање од других само зато што нико није заљубљен у тебе...

У узрасту си кад се постављају разна питања: „Ко сам?“, „Колико вредим“... Таква преиспитивања се односе на скоро све области: породицу, школу, другарство и, као круна свега, на твоју привлачност. Ех да, откриваш осећај заљубљености... Они који

се претварају да већ годинама имају девојку (или момка) не схватају то тако озбиљно као ти. С друге стране, ако си потпуно ван тога, а у пубертету си, то ти тешко пада. Можда чак превише тешко? Пошто твоје самопоуздање није од армираног бетона, то може да постане нови разлог за самоомаловажавање. А њих је и без тога превише...

Ти си на потезу!

- Клони се лошег утицаја. Можда се дружиш са старијима од себе, који воле да се хвале својим љубавним подвизима. Зар заиста мислиш да можеш да се мериш с њима? Пре него што закључиш да си лузер, упореди се са себи сличнима, чак и ако они не припадају кругу твојих пријатеља.

- Љубав се не активира притиском на дугме. То осећање је управо зато тако чудесно. Ако не успеваш спонтано да га пробудиш у нечијем срцу, нема шансе да га изазовеш на силу. Осим тога, неки људи не показују отворено своја осећања. Можда је неко потајно заљубљен у тебе. Обрати мало пажњу!

Ти си на потезу!
(наставак)

Ако немаш девојку или момка, то не значи да си лузер. Те две ствари уопште нису повезане. Дешава се нешто врло чудно: некоме можемо много да се допадамо када имамо десет година, да му се нимало не свиђамо са једанаест, па да му се затим поново допаднемо са дванаест, а да нико нс може да објасни зашто је то тако. Разлог може да се крије у физичком изгледу или сазревању једне или друге стране (растеш брже од својих вршњака, па их то плаши, или спорије, па их то одбија...). Стрпи се!

ЗЛАТНО ПРАВИЛО

Твоја вредност се не мери бројем оних који су заљубљени у тебе.

Родитељи ми стално говоре да сам стока

Говоре ти све и свашта. Већ дуже време те називају свакојаким именима. Нормално је да се осећаш јадно!

Ако те стално критикују, то онда није васпитавање детета, то није чак ни „строго" васпитавање детета. То је облик психичког злостављања, нарочито ако те вређају. Уосталом, сигурно патиш због тога и не би

било нимало чудно да се то одрази на твој успех у школи: пошто ти говоре да си стока, на крају ће се та етикета чврсто прилепити за тебе (и поверovaћеш да је тачна)! Страшно је кад родитељи непрестано понижавају децу, то може да има драматичне последице по слику коју она имају о себи. Не само да ће то у теби изазвати осећај одбачености него ћеш такође мислити да ништа не знаш, пошто те особе до којих ти је највише стало све време ниподаштавају.

Могуће је да твоји родитељи не увиђају тежину својих речи. Можда нису свесни колико патиш због њих. Нарочито ако се скриваш испод дебелог оклопа и не реагујеш на њихове увреде. Хитно мораш нешто да предузмеш!

Ти си на потезу!

☺ Треба да кажеш некоме шта проживљаваш. Ако о томе не можеш да разговараш с неким чланом породице, пронађи неку одраслу особу којој можеш да се повериш (школски психолог, мајка или отац неког твог друга...). Осетићеш олакшање. Осим тога, та особа ће сигурно имати неку идеју како да ти помогне да решиш проблем.

Ти си на потезу! (наставак)

Покушај да сталожено објасниш родитељима како се осећаш: отворено им реци да патиш због онога што ти говоре, да не разумеш зашто ти упућују тако тешке речи. То ће им можда помоћи да увиде да те повређују. Они су сигурно веома незадовољни. Зато пажљиво одабери тренутак: обично се лакше разговара кад се атмосфера охлади, него кад је усијана.

Покушај да пронађеш савезника у породици. Он не мора отворено да те брани, али може барем да ти подигне морал!

ЗЛАТНО ПРАВИЛО

Заштити се, речи могу да те повреде.

Увек мислим да ћу добити лошу оцену на контролном

Тако значи? А одакле ти такав утисак? Кад завршиш контролни, не знаш на чему си. Је л' било добро? Осредње? Катастрофално? Пошто ти недостаје самопоуздање, брзо доносиш закључак: „Тотално сам забрљао!" Али, да ли је заиста тако?

Неописиво ти је тешко да процениш коју ћеш оцену добити. Било би ти лакше да имаш више самопоуздања. Али, пошто си, поврх свега, уплашен и незадовољан собом,

увек све видиш црно. У свему томе најгоре је што тај осећај незадовољства нема никакве везе с твојим успехом у школи. Добијаш солидне, чак прилично високе оцене, а ипак увек имаш утисак да си забрљао! Да немаш превелике захтеве? Ако си добар ђак, можда машташ о томе да имаш више четворки; ако си врло добар, можда си задовољан само кад добијеш четворку или петицу, а оне се не добијају тако лако. Можда од тих мрачних мисли имаш користи, а да тога ниси ни свестан. Што више времена пролази од контролног, све чешће размишљаш у стилу: „Сигурно сам забрљао... Добићу лошу оцену." И онда се пријатно изненадиш кад добијеш резултат, пошто је оцена прилично висока! Захваљујући таквом систему, можеш да будеш сигуран да ћеш увек бити задовољан резултатом!

Ти си на потезу!

☺ Сумња је неподношљива. Ако стално сумњамо у себе, брзо ћемо изгубити критеријум и на крају ћемо бити сигурни само у једно: све смо забрљали. Неки ђаци су увек сигурни да су добро урадили контролни, а ти, за разлику од њих, подриваш себи морал тако што се плашиш неуспеха. Престани да сумњаш, па види шта ће се десити.

Ти си на потезу! (наставак)

- Живи у садашњости. Кад завршиш контролни, престани да мислиш на њега све док не добијеш оцену.

- А како би било да покушаш да размишљаш овако: „Верујем да сам добро урадио.“ Тако ће ти барем чекање бити пријатније. У сваком случају, оно што мислиш после контролног не може да утиче на исход. Зато нема сврхе да се ждереш! У најгорем случају, реци себи: „Било је прилично добро.“ Неутралније је, а то је довољно за почетак.

- После сваког контролног кажеш себи: „Забрљао сам.“ Знаш да ћеш после следећег контролног мислити: „Опет сам забрљао.“ И тако ћеш увек очекивати неуспех. Покушај да размишљаш другачије. Реци себи: „Добро сам урадио!“

ЗЛАТНО ПРАВИЛО

Ништа не очекуј и уживај у пријатном изненађењу!

Хтела бих да будем мршава као манекенка

„Ех, кад бих била мршава и кад бих имала дуге ноге… И кад бих само могла да се одрекнем чоколаде…“

Ти и твоје другарице сањате отворених очију док гледате лепотице из часописа. Мода захтева да све звезде, без обзира на то да ли су певачице или глумице, изгледају као манекенке. Зато верујеш да је успех резервисан само за високе и витке. Да се

никоме нећеш допасти ако ниси изузетно мршава. Али то је диктатура мршавости! Шта би било да свако вече мораш да угасиш светло у седам сати? Да за сваки оброк мораш да једеш шаргарепу? То ти се не би допало, зар не? Онда престани да умишљаш да мораш да будеш мршава! Тачно је да дечаци нису увек нежни. Ако нека девојчица није мршава као штапић, засипају је суровим коментарима. Немој да упаднеш у замку: ако примете да патиш због тога, још више ће те задиркивати.

Постоји још једна замка које треба да се чуваш: ако се заинатиш да смршаш, пошто сматраш да си предебела, држаћеш нездраву дијету, због које ћеш се још више угојити чим твоја одлучност ослаби.

Ти си на потезу!

☺ Ако си четвртасте грађе и имаш широка рамена, никад нећеш изгледати као Кејт Мос. Али, то није разлог за панику! Ти си савршено нормална, иако немаш манекенску линију. Стручњаци за исхрану су сагласни у следећем: сви смо ми различито грађени. Важно је да имаш свој стил и да се пријатно осећаш у својој кожи да би се лепо осећала и у друштву других људи.

Ти си на потезу!
(наставак)

☺ Одећа ће ти помоћи да се боље осећаш у сопственој кожи. Ако се мало потрудиш, сигурно ћеш пронаћи мајицу која ће сакрити оно што ти се не допада. Усправне пруге издужују, хаљина мање скраћује силуету него сукња, у тренерци ћеш изгледати дебље него у фармеркама...

☺ Можда заиста имаш два-три килограма вишка. Иако не сањаш о манекенској каријери, поразговарај о томе с родитељима и с лекаром. Често је довољно да се из јеловника избаце разне грицкалице и да се једе уравнотежено, па да се тај вишак тежине истопи.

Ти си на потезу! (наставак)

Ни манекенке нису тако савршене како ти се чини! Пошто морају да изгледају мршаво, фотографије у часописима се често ретуширају. Не дозволи да те оне заварају! Осврни се око себе: сигурно познајеш неке веома привлачне жене којима није нимало стало да личе на девојке из часописа!

Посматрај одрасле који су ти драги, који су ти изузетно симпатични, смешни, занимљиви, неодољиви. Шта ти је важније: њихове особине или њихов физички изглед? Научи да правиш селекцију и да истакнеш оно што је заиста битно.

ЗЛАТНО ПРАВИЛО

Физички изглед не може да се бира, али имиџ може.

Чак ми ни четворка није довољно добра

Четворка се обично сматра добром оценом и ти то одлично знаш. Било би, дакле, логично да си задовољан. А ипак ниси. Шта је то с тобом?

Помало губиш критеријуме: због жеље да успеш толико стрепиш да чак и добре оцене доживљаваш као неуспех. Признајеш само петице и ниједну другу оцену. Можда идеш у елитну школу, у коју примају само одличне ђаке? Чувај се! Не дозволи да те затрује таква логика, претворићеш се у машину која побеђује на такмичењима. Или се напросто никад не задовољаваш постигнутим

резултатима – ни у школи, ни ван ње? Можда имаш превисоке захтеве, или не добијаш довољно похвала… Хајде, запитај се: да ли си икада задовољан собом?

Ти си на потезу!

А како би било да једном покушаш да добијеш двојку, па да видиш шта значи добити лошу оцену? Тада би заиста имао разлог за незадовољство! Шалу на страну, једно је сигурно: мораш да научиш да посматраш ствари и из другог угла. Половина разреда сигурно машта о оцени која теби није довољно добра.

Пази! Дугорочно гледано, твоја тежња ка савршенству може да се претвори у опсесију. Излажеш се опасности да изгубиш осећај за стварност и потонеш у неку врсту депресије. Поразговарај о томе с неким из своје околине, можда без туђе помоћи не можеш да превазиђеш овај проблем.

Ти си на потезу! (наставак)

Можда су раније, у нижим разредима, пљуштале само петице из читања, рачунања... И зато сада патиш што се то више не дешава. Сада ти четири на пет није више довољно добро. Али, задаци су све сложенији и ниси више у узрасту када је резултат „потпуно тачан“ или „потпуно погрешан“. Посматрај своје оцене у светлу нових околности – више ћеш их ценити.

ЗЛАТНО ПРАВИЛО

Најбоље је непријатељ доброг.

Никада нећу зарадити довољно за живот

Пошто ионако мислиш да си лузер, блокираш се чим се помене реч „зарадити“, зар не? А што се тиче новца, оног новца који је свима нама стално потребан, осећаш се потпуно обесхрабрено...

Јасно ти је да је у данашњем друштву новац неопходан. У узрасту си када се развија свест о вредности појединих ствари. Ако ти родитељи кажу: „Баш бисмо волели да купимо ова кола, али заиста су прескупа!“, ти се одмах забринеш. „Новац је потребан

да би се добро живело", кажеш себи, „а ја нећу довољно зарађивати." Треба да знаш да постоји огромна разлика између положаја у којем се налази један пубертетлија и положаја неке одрасле особе: оно што ти радиш не доноси новац, а одрасли зарађују паре на теби недокучив начин. Берза, банке... Све је то тако компликовано... Ако ти се, поврх свега, чини још и да не можеш да добијеш добре оцене, мислиш да ће и касније бити слично: уложени труд ти неће доносити онолико колико желиш.

Ти си на потезу!

☺ Твоји родитељи се често жале да немају довољно пара. Ако ти се чини да не могу да зараде довољно за живот, плашиш се да ни ти то нећеш моћи, пошто су ти они узор. Да видимо: да ли су твоји родитељи заиста у тешкој финансијској ситуацији? Или напросто брину због пара? Можда они, једноставно, не воле да троше? Поразговарај о томе с њима. Можда не примећују твоју забринутост.

Ти си на потезу! (наставак)

Шта за тебе значи „имати довољно новца за живот"? Да ли су твоје потребе велике? Ако придајеш велики значај материјалним стварима и комфору, понашај се у складу с тим: засуци рукаве и припреми се за посао који ће ти доносити добру зараду. У сваком случају, знај да ће твоја потреба за новцем делимично зависити и од тога како живиш и колико трошиш. То је, дакле, ствар избора.

Уосталом, ко каже да нећеш зарађивати довољно за живот? Не жури. Ти за сада и не треба да зарађујеш него да добијаш добре оцене. Све у своје време!

ЗЛАТНО ПРАВИЛО

Новац је потребан да би се живело, не треба живети ради новца.

У моју школу иду све сами лузери

Ако заиста тако мислиш, разумљиво је што се осећаш обесхрабрено. Слика коју имаш о својој школи не помаже ти да изградиш добар однос према себи. Одакле ти та идеја?

Зашто то кажеш? Зато што то наставници или родитељи често понављају? Твоја школа се налази у делу града који је на лошем

гласу? Сматраш да су деца превише непослушна? Мислиш да ниси нарочито добар ђак и зато се заклањаш иза тврдње да је све безвезе и уклапаш се у ту негативну атмосферу? Такав начин размишљања је донекле опасан: ризикујеш да замрзнеш постојеће стање, да изгубиш из вида да оно може да се промени. Осим тога, лишаваш себе могућности да сагледаш добру страну ситуације.

Ти си на потезу!

☺ А да то не кажеш само зато што ти је тешко да се уклопиш? Пошто мислиш да те у школи нико не воли или да не може да те воли, онда ни ти никога не волиш и сматраш да у њу иду само лузери. Реци искрено: зар ти се баш нико у школи не допада и зар заиста ни са ким не желиш да се дружиш? Само се не усуђујеш да пробаш.

☺ Престани да се поредиш с другима, то није увек занимљиво. Нормално је да смо бољи или лошији од других! Не задржавај се превише на општем утиску који имаш о свом разреду. На крају крајева, да су око тебе све сами генијалци, твоја самоувереност би била на још тежем испиту!

Ти си на потезу!

☺ Не користи школу као изговор ако си незадовољан или ако твоји наставници нису задовољни твојим успехом. „Наставници су лузери, ђаци су лузери, зато ми се не учи и нормално је да сам и ја лузер." Овакав начин размишљања неће ти донети ништа добро. Ако збиља тако мислиш, проблем је у теби...

☺ Уколико твоја школа заиста није на високом нивоу, пронађи неколико ученика који такође желе да напредују, па се удружите. Можете да поразговарате с наставником који делује мотивисано, како бисте заједно с њим пронашли решење. Могао би да вам даје посебне домаће задатке. Само вама. Зашто да не?

Ти си на потезу! (наставак)

Пази да не продубиш проблем. Не иди линијом мањег отпора! Ако је атмосфера у школи лоша, не значи да ти мораш да се уклониш у њу. Касније нећеш бити нарочито задовољан собом.

Покушај да успоставиш контакт с ученицима који су ти барем мало симпатични (види поглавље *Откако сам у петом разреду, осећам се изгубљено*). Кад стекнеш другове, открићеш да је твоја школа много боља него што ти се чинило.

ЗЛАТНО ПРАВИЛО

Постоје школе у које иду и нека проблематична деца, али не постоје школе у које иду само лузери!

Наставници ми поклањају оцене

Ево једне баш необичне идеје! Шта ти би да то кажеш?

Добио си добру оцену, али, уместо да будеш задовољан због тога, што би било сасвим нормално, сâм себе омаловажаваш. Уверен си да уопште ниси добро урадио контролни... Толико си сигуран да си неспособан да не знаш шта да радиш с добром оценом: могла би да поремети твој начин размишљања. И уместо да прихватиш успех,

радије верујеш како ти је наставник поклонио оцену. Ако је то заиста тачно, можда он има неки добар разлог због кога је био великодушан приликом оцењивања, рецимо зато што је контролни био тежак...

Уколико си дубоко убеђен да си лош, даћеш све од себе да то и докажеш: тако што ћеш довести у питање оцену, или тако што ћеш мислити да је контролни био изузетно лак. Зар то није твој уобичајени начин размишљања?

Хајде, запитај се: шта те то спречава да уживаш у успеху?

Ти си на потезу!

☺ Пази! Ако чврсто верујеш да си прилично или тотално неспособан, нећеш успети да сагледаш своје стварне могућности. Ма дај, признај: немогуће је да су контролни из свих предмета увек лаки и да наставници само теби поклањају оцене! Мораћеш да прихватиш чињеницу да су твоје оцене заправо резултат твог труда.

Ти си на потезу! (наставак)

Толико се плашиш неуспеха да мислиш: „Добио сам добру оцену, али сада ћу сигурно попустити.“ Зашто? Бар једном покушај да будеш задовољан собом и видећеш колико је то пријатан осећај!

У дубини душе одлично знаш да си заслужио добру оцену. Ти, у ствари, играш ову игру: „Ако не раструбим свима наоколо да сам заслужено добио добру оцену, исто ће се дешавати и убудуће...“ Или: „Ово је чиста срећа.“ Припази се! Иако је то само игра, она уме да буде опасна: може ти се десити да изгубиш самопоштовање.

ЗЛАТНО ПРАВИЛО

Бити задовољан собом не значи хвалисати се.

Не усуђујем се да обучем ништа осим тренерке

Умиреш од жеље да збациш са себе ту своју „другу кожу“, да мало више личиш на остале тинејџере, али се плашиш.

Неки твоји другови и другарице сваки час мењају имиџ, а неки су пронашли стил који им савршено пристаје. Ти машташ о томе да се облачиш другачије, да носиш модерну одећу или женствене хаљине. Ех, да коначно закорачиш у свет тинејџера! Али, кад се погледаш у огледало, твој план

пада у воду. Не можеш да замислиш себе без те твоје незаобилазне тренерке? Ако је носиш годинама, биће ти још теже да је одбациш, пошто си се навикао на њу. Али чему толико оклевање? Не можеш да замислиш себе у нечем другом? Мислиш да ти одећа о којој машташ не би лепо стајала (види поглавља *Мислим да баш и нисам неки фрајер* и *Хтела бих да будем мршава као манекенка*)? Можда ти, у суштини, не желиш да одрастеш... Плашиш се како ће други реаговати на твој нови имиџ... Тренерка је шљампава и то ти савршено одговара, пошто ти улива сигурност! Личност која се скрива испод ње још је превише рањива да би је изложио туђим погледима...

Ти си на потезу!

☺ Ако заиста желиш да скинеш тренерку, учини то без оклевања. Не мораш да будеш супервитка да би ти хаљине лепо стајале! Не мораш да имаш билдерске бицепсе да би могао да носиш припијену мајицу! Одбаци узоре и веруј у себе.

Ти си на потезу! (наставак)

☺ Чувај се навика! Што више носиш тренерку, теже ћеш је одбацити. У почетку иди корак по корак: најпре панталоне или мајицу који ти се свиђају пробај кад си сам код куће, а онда их обуци кад су ти ту родитељи или најбоља пријатељица. Иако ће ти тренерка и даље бити омиљена одећа, видећеш да ћеш с времена на време моћи да обучеш и нешто друго!

☺ Све се заправо одвија у твојој глави. Право питање гласи: „Могу ли да будем мало сигурнији у себе?" Вероватно виђаш људе који носе откачену одећу а да им то, чини се, не представља никакав проблем. Не мораш да идеш тако далеко, али можеш да направиш први корак у том правцу, тек да видиш како ћеш се осећати...

Ти си на потезу!
(наставак)

Можда тренерку носиш зато што желиш да сакријеш неколико сувишних килограма! Ако је тако, то ти није добро решење. Пошто је еластична, она се прилагођава пренаглашеним облинама! Уколико не почнеш другачије да се облачиш, биће ти тешко да се ухватиш у коштац с тим проблемом. Ако ти лекар препише дијету, можеш да поставиш себи циљ да се поново увучеш у своје омиљене фармерке, које су ти сада тесне...

ЗЛАТНО ПРАВИЛО

Кад човек одбаци своју „другу кожу", осећа се препорођено.

Тешко склапам пријатељства ван школе

Размишљај позитивно: имаш барем пријатеље из разреда. Вештину склапања пријатељства треба само да примениш и у другим приликама.

У школу идемо да бисмо учили, али то је, зачудо, средина која нам такође помаже да стекнемо пријатеље. Кад деца истог узраста и из истог краја читаве године седе заједно у клупи, двоје по двоје, лакше се зближе. То је, такође, прилика да се боље упознају. Осим тога, сваки дан проводе у истом простору, суочавају се са истим обавезама, истим коментарима… можда чак и са истим

ограничењима, и то им помаже да успоставе контакт. Кад се бавимо ваншколским активностима или смо на распусту, имамо мање времена за упознавање и осећамо се несигурније него кад смо с друштвом на које смо навикли. Кад треба да приђемо некоме кога први пут видимо или ко станује у другом делу града, осећамо се као да треба да закорачимо у непознато... Како да скупиш храброст за тај корак?

Ти си на потезу!

Пре него што стекнеш праве правцате пријатеље, можеш да имаш другове који се, на пример, баве истом активношћу као и ти. Немој да презреш такве односе, чак и ако то није велико пријатељство о коме машташ и ако то није неко коме можеш да повериш све своје тајне и ко све разуме. И ти односи ипак нешто вреде; уосталом, ко зна, можда ће касније прерасти у нешто дубље!

Ти си на потезу!
(наставак)

☺ Распуст и ваншколске активности су добра полазна основа за проналажење теме за разговор: окупили сте се зато што имате иста интересовања. То је довољан разлог да заподенете причу! Уосталом, ситуација је слична као у школи, само је простор другачији.

ЗЛАТНО ПРАВИЛО

Пријатељство постоји и изван школе.

Ја сам једини лузер у породици

Ако чврсто верујеш у то и ако то није само пролазан осећај после неке жестоке свађе, значи да не преувеличаваш ствари. То мора да је болно.

Дете не може да буде лузер. Постоје само деца која себе толико потцењују да имају осећај да им ништа не полази за руком. Али, деца се међусобно разликују. Нека се лакше сналазе у животу. Ти и твоја браћа и

сестре имате исте родитеље, али нисте исти и ти мислиш да су они бољи од тебе. Откуда тај осећај? Можда си најмлађе дете у породици? Или мислиш да су родитељи желели дете другог пола? Можда осећаш притисак због тога што су твоји родитељи успешни на професионалном плану? Не усуђујеш се да отворено говориш о тешкоћама с којима се суочаваш у животу? Тешко склапаш пријатељства? У сваком случају, ако ти се чини да си лузер, сигурно патиш због тога. Ево шта ти предлажемо.

Ти си на потезу!

☺ Знају ли твоји родитељи да имаш тако негативну слику о себи? Можда то тако добро скриваш да они не могу ни да претпоставе колико си потиштен… Ако је тако, треба да поразговараш с њима о томе. Они те одлично познају и сигурно не деле твоје мишљење! Вероватно ће те изненадити њихова реакција.

Ти си на потезу!
(наставак)

Састави списак ствари које ти иду од руке и оних које ти не иду. Можда си геније за астрономију, историју... Поправљаш све по кући, одлично куваш, мајстор си за пецање? Запиши све што ти падне на памет: од спортова, преко играња карата, до гајења цвећа. Видећеш да је списак прилично дуг! Ако не можеш да се сетиш позитивних примера, замоли неку драгу особу да ти помогне.

И даље ти се по глави мотају мрачне мисли? Поразговарај о томе с неким стручњаком, рецимо, с лекаром или психологом. Можда тренутно пролазиш кроз депресију.

ЗЛАТНО ПРАВИЛО

Ружно паче ће једнога дана постати прелепи лабуд...

Немам појма о чему наставник говори

Зато се у школи осећаш потпуно изгубљено. Пазиш на часу, али чини ти се да ништа не разумеш: као да наставник предаје на кинеском. Да ниси одједном постао глуп?

Наравно да ниси постао глуп. Сигурно се десило нешто због чега не можеш да ухватиш корак са осталима. То се, иначе, често догађа на почетку петог разреда. Још у нижим разредима, док ти је предавао учитељ или учитељица, добијали сте нове предмете: познавање природе, познавање друштва, страни језик... А сада, у петом, имаш посеб-

ног наставника за сваки предмет. Они користе мало стручнији језик и то те плаши... За тебе је то такав шок да више не успеваш да се концентришеш. Зато ништа не разумеш. А можда ти пажња на часу никада није ни била јача страна? У нижим разредима је било довољно да пратиш предавање, али сада више није тако. Мораш потпуно да се усред-средиш на оно о чему наставник говори.

И зато сада почињеш да се преиспитујеш. Чини ти се да ниси интелигентан. Ако наставник каже: „Ово је лако, видећете!", све постаје још горе! И тако упадаш у зачарани круг: што мање разумеш, глупље се осећаш, а што се глупље осећаш, све мање разумеш. Шта да радиш?

Ти си на потезу!

Провери да ли заиста пазиш на часу. Да ти се по глави не мотају мисли које ти одвлаче пажњу? Рецимо: „Не осећам се баш добро", „Прошли пут сам добио лошу оцену"... Или ти је глава напросто празна? Можда је у томе твој проблем. Ако бринеш због градива, дубоко удахни и смири се. Ако ти је градиво досадно, уложи ипак мало енергије и пажње: видећеш да то помаже.

Ти си на потезу!
(наставак)

☺ Ако ти се на почетку године чини да наставник лоше предаје или не разумеш најбоље о чему говори, немој одмах да дигнеш руке од његовог предмета. Настави да пазиш на часу и ствари ће ти се с временом разјаснити.

☺ Не свиђа ти се наставник? Сматраш да је неправичан, намргођен... Зато се блокираш и против своје воље. Посматрај то из другог угла: у питању је твој лични успех. Да би могао да пратиш предавање, раздвој слику коју имаш о наставнику од онога о чему он говори. То је циљ, зар не?

Ти си на потезу! (наставак)

Нешто ти је остало нејасно? Стрпи се мало. Постоји више ствари које не разумеш? Онда скупи храброст и замоли наставника да ти објасни. Не предај се ни за живу главу, већ покушај да схватиш!

После часа на коме ниси богзна шта схватио, питај остале ученике (по могућству оне добре) колико су они разумели. Има вас више који нисте ништа схватили? На следећем часу можете да замолите наставника да вам објасни.

ЗЛАТНО ПРАВИЛО

Мала искра може да донесе светлост.

Сви ме малтретирају

Да, познато је да постоје такви случајеви. Ако се то теби дешава, сигурно патиш. Помоћи ћемо ти да се извучеш из те ситуације.

Остали ђаци те стално вређају, понижавају, уживају да ти загорчавају живот... Једино си ти, из целог разреда, у таквом положају. Живот ти се претвара у пакао! Што је најгоре, плашиш се њихове освете и зато никоме не причаш о томе. Дошло је чак дотле да се бојиш да идеш у школу. То

је веома озбиљан проблем и оваква ситуација ти сигурно не помаже да стекнеш добру слику о себи. А да и не помињемо муке кроз које свакодневно пролазиш. Овакве ствари се обично дешавају младима, који су ионако рањиви и несигурни. Деца често малтретирају оне који се осећају нелагодно, као да не могу да поднесу њихову крхкост. Као да се плаше те крхкости, зато што их подсећа на њих саме...

Ти си на потезу!

☺ Не смеш да прихватиш ту игру жртве и џелата. Зато мораш да схватиш да је посреди агресија. Оно што проживљаваш није нормално, ти то не заслужујеш! Уосталом, нико не заслужује да се према њему тако односе. Кад схватиш да си жртва, лакше ћеш нешто предузети. Немој да пристајеш на односе од којих имаш само штете.

☺ Потражи савезнике или некога ко је барем малчице на твојој страни. Осврни се око себе. Можда с неким из разреда можеш да се састанеш изван школе, тако да остали то не сазнају, или с неким имаш заједничка интересовања... Не заборави ни оне који су неутрални. Сигурно си приметио да су деца која се држе у малим групама ређе мете напада.

Ти си на потезу! (наставак)

Наравно, треба да се супротставиш и отворено кажеш кроз шта пролазиш, ако то није видљиво на први поглед. Ако јесте, а нико ништа не предузима, о томе треба да поразговараш с одраслима и да им изложиш свој проблем: с родитељима, школским психологом, наставницима... Можеш и да позовеш број SOS телефона за децу жртве насиља... Уплитање одраслих неће погоршати ситуацију. Напротив. Они могу да предузму мере против силеџија, а да при том не открију одакле су добили информације.

Анализирај оне који те малтретирају и не либи се да им понекад одговориш. То не значи да треба да постанеш исти као они, али имаш право да се браниш, чак и да се супротставиш. То понекад ублажава интензитет напада.

ЗЛАТНО ПРАВИЛО

Пристајање на малтретирање не мора да буде саставни део одрастања.

Волим математику, али је не знам довољно добро

У реду, смири се. Размотримо ситуацију заједно. Најважније је да стекнеш јасну представу о томе шта се дешава.

Да видимо, откад то имаш утисак да ти математика лоше иде? Одувек? А како је било прошле године? Тада ти се математика свиђала, зар не? А у нижим разредима? Можда ти се чинило да је тешка или непотребна... Ако је тако, лако можеш да закључиш шта се сада дешава: волиш математику, али у одређеном тренутку ниси

савладао операције које су ти сада потребне. Не успеваш да решиш задатке зато што пре неколико година ниси научио да радиш ту менталну гимнастику. Постоји још једна могућност: толико волиш математику да се задовољаваш само чистом петицом на контролном. Значи ли то да ти математика лоше иде? Можда те је прелазак у пети разред мало збунио. У нижим разредима си обично добијао четворку на контролном, а сада ређаш тројке? Ако наставник строже оцењује, то не значи да ти назадујеш него да се променио систем оцењивања! Хајде, посматрај ствари из другог угла.

Ти си на потезу!

Ако је твоје занимање за математику новијег датума, дај себи мало времена како би се све коцкице сложиле. То није као када убациш новчић у аутомат и узмеш конзерву кока-коле: резултат није моментaлан! Можда ћеш морати да сачекаш годину дана да твоје оцене достигну ниво твог интересовања. Толико ти је времена потребно да попуниш рупе у знању.

Ти си на потезу! (наставак)

Можда је ово пролазна криза: учиш градиво које ти се не допада превише или које не разумеш у потпуности и оцене су се накратко квариле. Ипак, не губи веру у себе!

У последње време си потиштен или бринеш због нечега што нема никакве везе с математиком? То ће проћи! Ако ти тренутно ништа не иде од руке, не може ни математика!

ЗЛАТНО ПРАВИЛО

Интересовање се кад-тад исплати.

Тотални сам антиталенат за спорт

Ниси једини, ни остали не могу да се похвале да су спортски шампиони, али ти ипак патиш. То доживљаваш као неуспех. Ако тако гледаш на ствари, то није занемарљив проблем.

Сигурно се десило нешто због чега имаш осећај да си антиталенат. Наставник физичког је направио ранг-листу и ти си се нашао на самом зачељу? Лоше си прошао на такмичењу у клубу или на провери способности која би ти омогућила да се попнеш за једно место на лествици? Трудио си се из

петних жила, али, упркос уложеној енергији, имаш утисак да ти не иде? Зар то значи да си антиталенат? Лоша оцена из српског или математике те не би толико погодила. То је зато што на спортском терену дајеш све од себе. На делу су твоја концентрација, брзина и снага. То нарочито важи за индивидуалне спортове у којима успех у такмичењу представља твој лични успех. А ако су ту још и гледаоци, све постаје права ноћна мора!

Ти си на потезу!

☺ Пре него што закључиш да си најгори, сталожено анализирај постигнуте резултате. Доживео си неколико великих неуспеха у неком одређеном спорту? Вероватно зато што ти тај спорт из неког разлога не лежи. Имаш широку лепезу могућности, можеш да бираш између наутичких спортова, спортова с лоптом, мачевања, атлетике... Откако си порастао, та лепеза је још шира. Не знаш шта да одабереш? У наредних годину дана се опробај у разним спортовима, како би могао да одабереш онај који ти највише одговара.

Ти си на потезу! (наставак)

- Јеси ли размишљао о колективним спортовима? Члановима тима неуспех не пада тако тешко. Опробај се, на пример, у неком спорту с лоптом, рецимо у одбојци, у којој се играчи смењују на различитим позицијама у тиму.

- Спортом можеш да се бавиш – и у клубу, и са друговима – а да се не такмичиш: можеш да возиш ролере, трчиш, пливаш, возиш бицикл, све ти је то доступно. Није важно да „успеш“ већ да уживаш у томе.

- Кад учествујеш на неком такмичењу, мораш да се повинујеш општим правилима. Најважније је, међутим, да ти напредујеш. Уместо да се поредиш с другима, зацртај сопствене циљеве: да препливаш двеста метара више него прошле године, да, осим најлакших, савладаш и једну мало тежу скијашку стазу... Видећеш, ти успеси ће ти помоћи да повратиш самопоуздање.

Ти си на потезу!
(наставак)

Толико си усредсређен на учење да си занемарио физичку активност. И убија те у појам то што си из других предмета бољи него из физичког. Ма дај, победи сујету и прибери се. Ни у спорту се ништа не постиже без марљивог рада! Олакшај себи тако што ћеш одабрати спорт у коме ћеш се од самог почетка осећати као риба у води.

ЗЛАТНО ПРАВИЛО

Зар није најважније да се добро забавиш?

Нико ме не позива у госте

Наравно да је лепо кад нас дуги позивају у госте, али то није од животног значаја. Ти, међутим, патиш због тога што те нико не зове. Зашто си се нашао у таквој ситуацији?

Раније, кад си ти позивао другове, или кад су они позивали тебе, родитељи су о свему одлучивали. То се у твом узрасту

мења. Сада о томе одлучују твоји другови и другарице и позиви су резултат дружења, то јест ваших међусобних односа. Ако све време седиш код куће, осећаш се усамљено. То те наводи да се запиташ колико вредиш: да ли си занимљив другој деци ако те никада не позивају у госте? Ако не претерујеш када кажеш „нико" и „никад", то је заиста неуобичајена ситуација, за коју сигурно постоје прилично очигледна објашњења. Размотрићемо их заједно.

Ти си на потезу!

☺ Да ли „нико" заиста значи „баш нико"? Добро, не позивају те нико из разреда, али можда после школе често свраћаш код некога из комшилука. Или одлазиш код деце пријатеља твојих родитеља, с којом се добро слажеш. Ти то не доживљаваш као позиве, али они то јесу! Важно је да се дружиш и одлазиш код друге деце, а не да те неко званично „позове"!

Ти си на потезу! (наставак)

☺ А ти? Да ли ти позиваш другу децу у госте? То је обично двосмерно. Можда то не радиш зато што си превише стидљив? Онда они могу да помисле да не желиш да се другиш с њима. Осим тога, тако им и не пружаш прилику да они тебе позову. Почни од тога: прво ти позови некога. Остало ће ићи само од себе.

☺ Родитељи ти не дозвољавају да доводиш другове или да идеш код њих? Поразговарај о томе с њима. Знаш, одрасли често себи компликују живот из разлога који су теби недокучиви. Рецимо, ако се твоји родитељи и родитељи неког твог друга не слажу добро, можда не желе да се ви међусобно посећујете. То не значи да те друга деца не воле!

Ти си на потезу!
(наставак)

☺ Ако из неког разлога не можеш да прихватиш позив, пажљиво га одбиј: у узрасту си кад су међуљудски односи често крхки и одбијање може да повреди некога. Због тога те можда неће поново позвати. Зато објасни зашто не можеш да дођеш („Идем код зубара...“). Напомени да би волео да дођеш, да ћеш моћи неки други пут...

ЗЛАТНО ПРАВИЛО

Није важно место, важно је да се људи друже!

Допадају ми се занимања која су за мене претешка

Глупо је што то кажеш. Тако још више подриваш своје самопоуздање и блокираш се.

Кад си био мали, дозвољавао си себи да сањариш. Желео си да се бавиш неким „моћним" занимањем: да будеш камионџија, зато што је камион огроман; наставник, зато што све зна; лекар, зато што лечи све болести... Сад знаш које школе треба да

завршиш да би се оспособио за неки посао. И уместо да једноставно кажеш себи: „Ја то заправо не желим“, спутаваш се тако што проналазиш гомилу разлога због којих не можеш да се бавиш неким послом. Мислиш: „Ја то нећу моћи: превише сам стидљив да бих постао новинар, не знам довољно добро математику да бих био инжењер...“ Сумњаш тек да би сумњао! Треба, међутим, да замислиш себе као одраслу особу која се бави неким занимањем. Уопште није важно да ли ћеш то заиста постати. Пошто не дозвољаваш себи да сањаш, више немаш појма шта би волео да радиш у животу.

Ти си на потезу!

☺ Чини ти се да постоји непремостив јаз између тебе и одрасле особе која је рачуновођа, сликар, информатичар, професор или лекар? То је нормално: треба превалити дуг пут да би се дотле стигло. Оно што ти са једанаест година изгледа тешко, можда ти неће тако деловати кад будеш имао двадесет. То је врло далеко и зато се плашиш да нећеш успети. Не жури!

Ти си на потезу!
(наставак)

Можда ти у овом тренутку нека занимања изгледају претешко и мислиш да ту ништа не може да се учини. Исто као што постоје предмети који ти се допадају, али из којих немаш баш сјајне оцене, спортови којима се не бавиш зато што се не усуђујеш... Погледај та поглавља у књизи, то ће ти помоћи да пронађеш излаз из ове ситуације.

ЗЛАТНО ПРАВИЛО

Кад одрастеш, имаћеш много више могућности него сада.

Не верујем родитељским похвалама

Тако дакле, не верујеш? Комплименти, међутим, свима годе и сви се ми осећамо сигурније ако нас породица уважава. Зашто си онда подозрив према похвалама родитеља?

Познато је да родитељи обично имају добре намере. Понекад чак претерују... Страхујући да нису добри родитељи, засипају дете комплиментима и зато звуче неискрено: ако га стално хвале, то на моменте делује извештачено! Тако постижу ефекат супротан од жељеног: губиш критеријуме и почињеш да сумњаш у себе. У том мору комплимената не можеш више најбоље да процениш своје стварне способности.

Могуће је, такође, да сумњаш у објективност својих родитеља. Колико су ти њихови комплименти годили док си био мали, толико си сада уверен да те воле превише да би могли да виде какав си заиста. „То ми каже само зато што ми је мајка“, мислиш ти, пошто си у узрасту када деци недостаје самопоуздања. Пре ћеш поверовати другарици која ти каже: „Ауууу, супер су ти фармерке!“, него мајци која те уверава: „Ма наравно, душо, те панталоне ти одлично стоје.“

Ти си на потезу!

☺ Одабери тренутак кад можеш на миру да поразговараш с родитељима. Као прво, умири их: реци им да те довољно охрабрују. А онда им лепо објасни да претерују, да не успеваш више да се снађеш и да би било боље да ти помогну како би увидео у шта треба да уложиш више труда. То, наравно, не значи да треба да оду у другу крајност! На крају крајева, похвале ипак пријају.

Ти си на потезу!

- Немој мислити да се иза свих тих похвала скрива чињеница да си неспособан. Да су твоји родитељи тако благи зато да ти ни по коју цену не би сазнао ту страшну истину… Они су сигурно задовољни тобом, пошто си ти потпуно ОК!

- Комплименти ти звуче лажно, чини ти се да твој отац или мајка само покушавају да те скину с врата тако што ти кажу нешто у стилу: „Диван ти је цртеж, а сад морам да идем.“ Родитељи су понекад стварно у фрци и имају право да с времена на време мисле и на друге ствари… Не узимај им то за зло.

- Похвале ти увек звуче неискрено? Можда твоји родитељи не умеју да дају комплименте, нарочито ако их нису често добијали. Како би било да им помогнеш тако што ћеш ти њих повремено да похвалиш?

ЗЛАТНО ПРАВИЛО

Није важно да ли их је много или мало: важна је искреност.

Разликујем се од других

Сви ми понекад имамо утисак да смо другачији од осталих људи. Али твој случај је ипак посебан: због нечега се разликујеш од других или ти се барем чини да је тако. Разумљиво је да ти то тешко пада.

Можда патиш због нечега што се види: због неког физичког недостатка, вишка килограма, болести која ти отежава свакодневни живот... Или можда због нечега што

се не види: усвојен си, родитељи твојих другова раде, а твоји су незапослени, окружен си људима који имају више пара него ти... У реду, осећаш се помало другачије од осталих. Али, зашто због тога имаш утисак да си гори од њих? Да си најгори? Други би се на твом месту снашли и не би имали комплекс ниже вредности! Ми те, наравно, разумемо: живимо у друштву у коме није пожељно бити различит.

Ти си на потезу!

☺ Заштити се од туђих погледа. Не можеш да промениш људе, а увек ће бити оних који ће уживати у томе да те омаловажавају! Ако видиш да у њима не можеш да пробудиш искру људскости, нема потребе да се излажеш њиховој злоби: избегавај их!

Ти си на потезу! (наставак)

Људима није увек лако да прихвате себе. Састави списак свега што ти иде од руке. Свега што ће те уздићи у сопственим и туђим очима. Ослањајући се на те квалитете, лакше ћеш поднети оно што ти тешко пада.

Отворено попричај с људима које волиш. Они једноставно не знају кроз шта пролазиш! Тако ће схватити да треба да избегавају опаске којима те несвесно повређују. Осим тога, можда ћеш открити да неки од њих имају исти проблем као ти. Разговор с њима може да те охрабри.

ЗЛАТНО ПРАВИЛО

То што си другачији не значи да си гори од других.

Наставници увек кажу да ја могу боље

Стигле су оцене и у књижици црно на бело пише оно чега си се толико плашио: „Можеш боље." Значи ли то да је ово недовољно, да мораш бити много бољи?

Наставник је ту зато да би извукао максимум од својих ученика. Кад напише: „Можеш боље", он то не ради да би ти подрио морал. Напротив! Хајде, размисли: њему се

чини да можеш да пружиш више и желео би да се мало потрудиш! Ти с правом сматраш да такве примедбе увек имају и негативну страну. Чини ти се да си марљиво радио, али да то не даје резултате, да наставник није задовољан... Ти, у ствари, прижељкујеш да ти с времена на време кажу: „Само тако! Одлично!", а да после тога не следи наставак: „Али..."

Ти си на потезу!

☺ Покушај да схватиш на шта се тачно односи наставникова примедба. На неко одређено градиво? На твоје залагање на часу? То је корисније него да се препустиш обесхрабрујућим уопштавањима: „Оно што ја радим никад није добро." Уосталом, добро знаш да то није тачно!

Ти си на потезу! (наставак)

- Зацртај себи циљ, на пример, оцену коју желиш да добијеш. Можеш да разговараш с наставником и постигнеш неку врсту договора с њим.

- Неке области ти иду од руке, а у некима се не сналазиш баш најбоље. Прихвати такве примедбе: нико није савршен у свему. (Осим Супермена, наравно! А он, разуме се, не постоји!)

ЗЛАТНО ПРАВИЛО

Најважније је дати све од себе.

Мене нико не воли, а ја све волим

Ако заиста тако мислиш, онда сигурно веома патиш због тога. Зато се осећаш нелагодно у друштву, што је потпуно разумљиво.

Обрати пажњу на две прејаке речи у својој тврдњи: „нико“ и „све“. На срећу, међуљудски односи су обично изнијансирани. Чак и ако си у узрасту када се ти односи

често своде на „волим“ и „не волим“, сигурно увиђаш да постоји и „волим само мало“ и „волим много“, зар не? Да ли заиста волиш баш све људе? Зар неке не волиш мало више, а неке мало мање? Е па, видиш, ако то тако функционише у једном смеру, вероватно је исто и у супротном: неки људи те сигурно цене, чак и ако те не воле онако како те воле родитељи, чија је љубав безгранична. Ево о чему је, заправо, реч: нико те не воли онако како ти прижељкујеш да будеш вољен. Али можда си у заблуди. Треба да се помириш с тим да не постоје идеални, савршени међуљудски односи.

Ти си на потезу!

„Мене нико не воли...“ Иза овог очајничког крика вероватно се скрива чињеница да тренутно немаш најбољег пријатеља. Али пријатељство није увек тако искључиво и чврсто као камен. Чињеница да имамо најбољег пријатеља улива нам самопоуздање и осећај да вредимо, али то што га ти немаш не значи да те „нико“ не воли.

Ти си на потезу! (наставак)

☺ Ако остављаш утисак да волиш баш свакога, можда други мисле да је то одраз површности и то их одбија. Поклони више пажње и времена онима до којих ти је највише стало!

☺ А себе, да ли волиш и себе? Ако мислиш да не заслужујеш да будеш вољен, ствар се прилично компликује: како онда уопште можеш да очекујеш да те други воле? Покушај да прихватиш себе онаквог какав си и тако ћеш отворити пут онима који желе да ти приђу. Али, ако на крају ипак закључиш да не заслужујеш да ти се поклони пажња, поразговарај о томе с неким. Важно је да добијеш помоћ.

Ти си на потезу!
(наставак)

Ако ти недостаје самопоуздање, можда неспретно исказујеш своја осећања. Зато други немају појма да их волиш. Није ти ни на крај памети да су заправо они ти који се осећају одбачено! Зна се да су стидљиве особе обично повучене... Негуј своје односе с другим људима. Има много начина да им покажеш шта осећаш према њима: неки мали знак пажње, позив, стисак руке, осмех...

ЗЛАТНО ПРАВИЛО

Клони се претеривања и имај на уму да је квалитет важнији од квантитета.

Никада нећу моћи да живим без родитеља

Обично нас не пуштају у воду док не научимо да пливамо! Не жури, то ће доћи постепено...

Тренутно не можеш да живиш без родитеља. То је нормално: они те издржавају. Осим тога, они су ти и даље узор, подршка и ослонац. Благо теби! Истовремено, схваташ да све више ствари радиш без њихове помоћи. Ситуација уопште није иста као кад си био мали, а твоје потребе се битно

разликују од потреба твоје петогодишње сестре. Растемо постепено, осамостаљујемо се а да то заправо и не примећујемо. Свако има свој темпо. Осим тога, иако су ти родитељи и даље веома важни, схваташ да можеш да волиш и друге људе и да ти је изузетно стало до тога да и они воле тебе. То су твоји другари, најбоља пријатељица, девојка или момак... Што смо старији, повећава се број људи који могу да нам пруже ослонац. Зар та помисао да не можеш да живиш без родитеља заправо не одражава страх да ћеш живети без љубави, без туђе подршке?

Ти си на потезу!

Шта то уопште значи: „живети без родитеља"? У сваком случају, веза између вас ће увек постојати, чак и када они умру: ми на неки начин стално живимо са својим родитељима, барем у мислима, или у срцу. Касније, кад дође тренутак да се одселиш од њих, то одвајање не мора да буде грубо. Ништа вас не спречава да останете блиски.

То ће се десити када ти будеш спреман за то. Не мораш да се одселиш чим напуниш осамнаест година!

Ти си на потезу! (наставак)

Тренутно се осећаш беспомоћно и јадно? Још доживљаваш себе као несигурно детенце, неспособно да живи без родитеља? Само полако, ствари ће се променити!

А како би било да мало више ствари радиш без родитеља, тек да видиш како то изгледа? Ако те они помало гуше, покушај да се осамосталиш барем у неким областима. Поразговарај о томе с њима (види поглавље *Немам никакве обавезе у кући*).

ЗЛАТНО ПРАВИЛО

Чак ћеш и своју децу морати да научиш да једнога дана живе без тебе!

Тест

А сада, пошто си стигао до краја књиге, како би било да урадиш ова три вежбања, па да видиш како стоје ствари с твојим самопоуздањем? Не би било лоше да их после извесног времена урадиш поново: можда ће одговори бити другачији, па ћеш моћи да стекнеш представу о свом унутрашњем „барометру"!

Напиши пет ствари које си урадио у последње време, због којих си поносан на себе.

....

....

....

....

....

Напиши три особине које су врло важне за школу:

....

....

....

Доврши ове реченице тако што ћеш написати оно што тренутно мислиш:

– Сада у школи успевам да ....

....

– Ако неко према мени лоше поступа, могу да ....

– Врло сам задовољан собом зато што

....

– Моје највеће предности су

....

Белешке

Белешке